KB075832

이다혜

짧은 조직 생활을 아름답게 청산하고 프리랜서로 일을
시작했다. 홍보/마케팅 회사에서 커리어를 시작했으나
묵직한 콘텐츠의 매력에 빠져 프리랜서로 일하며 에디터로
업을 전환했다. 자유롭고 주체적으로 일하는 유연한 노동을
추구하는 사람으로 살고자 했으나 일용직과 다름없었던
프리랜서로서의 삶에 떠오른 수많은 질문에 답을 구하기 위해
프리랜서 매거진 『프리낫프리』(Free, not free)를 창간했다.
또한, 페미니스트로서 일하는 여성의 느슨한 연결을 만들기
위해 박초롱 작가와 함께 팟캐스트 '큰일은 여자가 해야지'를
3년째 진행 중이다. 1인 사업자 '콘텐츠 그룹 더스토리B'
대표로 용역을 받아 생계를 유지한다. 동시에 다양한
프리랜서를 만나는 행사와 모임을 기획하고 틈틈이 프리랜서
관련 원고와 강연 청탁을 받아 글과 말로 지금, 프리랜서가
노동하고 살아가며 필요한 이야기를 나누고 있다. 다양한
콘텐츠로 재미있는 물길을 만들고 싶은 사람, 주체적으로
일하며 행복을 느끼는 사람으로 앞으로도 계속 프리랜서로
일할 예정이다.

프리랜서로 일하는 법

프리랜서로 일하는 법

나를 지키며 지속 가능하게
일하는 태도의 발견

이다혜 지음

나의 방황에서 당신의 태도를 찾을 수 있다면

솔직히 말하자면, 프리랜서로 내가 꿈꾼 삶은 자유분방하고 방랑하는 삶이었다. 가슴 뛰는 일을 하며 하루 종일 책상에 앉아 있지 않고, 소위 '그분'이 오셨을 때만 몰입해 성과를 올리는 삶. 그분이 오지 않았을 때는 내키는 대로 서점과 카페를, 바다와 숲을 누리는 그런 삶. 프리랜서가 되기 전 내가 꿈꾼 프리랜서의 삶이란 낭만적인 구석이 있다. 프리랜서를 떠올렸을 때 그려지는 상은 대학 시절부터 차곡차곡 모아 온 『씨네21』에 등장하는 자유 기고가였다. 어째서 『섹스 앤 더 시티』 캐리처럼 자유 기고가의 삶을 살며 (겨우 고작 일주일에 칼럼 하나로) 생계를 유지할 수 있을 거라고 상상했던 건지, 지금 생각해도 철이 없다. 아무튼 그땐 그랬다.

언젠가 프리랜서로 살고 싶다고 막연히 미래를 그려 보곤 했지만 직장생활을 3년도 채우지 못하고 프리랜서가 될 줄이야. 직장에 다니며 차근차근 프리랜서의 삶을 준비하는 사람이 있는가 하면, 나는 얼떨결에 프리랜서가 '되어 버린' 쪽에 가까웠다. 회사 부대표가 되겠다는 큰 야망을 품고 호기롭게 시작한 회사 생활은 생각보다 맞지 않는 구석이 많았다. 신체는 물론 정신 건강과 맞바꾼 짧고 진한 회사 생활은 조직에서 지속 가능하게 일하기 어려울지도 모른다는 회의감과 함께 마무리됐다. 김보통 작가가 표현한 것처럼 "계획 없이, 구토하듯" 퇴사를 했다. 운이 좋았다. 퇴사하고 한 달도 되지 않아 소일거리를 받았다. 큰돈이 되는 일은 아니었어도 초심자의 운을 누리는 동안 알 수 없는 낙관이 밀려왔다. 조직 밖에서 일해 볼 수 있지 않을까? 그렇게 프리랜서가 되었다. 은은하게, 눈치 채지 못하게 서서히.

프리랜서라고 나를 소개하며 알 수 없는 '뽕'이 차올랐다. 그냥 그 단어가 주는 '힙한' 느낌이 좋았다. 막 프리랜서로 일을 시작한 2014년에도 이 단어는 '트렌디하고' '힙한' 느낌을 주는 단어였다. 자유분방하고 방랑하는 삶을 살아 보기도 했다. 평일 오후 계획 없이 영화를 보고, 햇살이 길게 내려앉은 어느 화창한 카페에서 아이스 아메리카노를 벗 삼아 노트북을 두드리고, 늘어지게 자고 새벽까지 일했다.

그러다 갑자기 초심자의 운이 끝났다. 1년도 되지 않아 일이 뚝 끊겼다. 2년 차에는 돈을 떼였다. 3년 차에는 커리어의 정체성과 주체성을 잃어버렸다. 평일 오후 계획 없이 영화를 본다는 건 그만큼 더 늦게까지 일해야 한다는 의미이고, 어느 화창한 카페에서 일한다는 건 커피 값과 위 건강을 담보로 잡혔다는 의미였다. 늘어지게 자고 새벽까지 일하는 것도 미래의 건강을 대출받아 가능했다는 것을 그때는 몰랐다. 프리랜서로 일하고 3년이 넘어 나는 건강도 체력도 갈 길도 잃어버린 채 방황을 시작했다.

그때 나는 몹시 외로웠다. 관계에서 오는 외로움이 아닌 일에서 오는 외로움이었다. 이는 감정뿐 아니라 내 성장에도 실이 됐다. 다른 프리랜서를 찾아 나선 건 그때쯤이다. '나만 이렇게 외롭고 힘든가?' '내가 능력이 없어서 돈을 떼인 걸까?' '다른 프리랜서는 어떻게 살 길을 찾아가고 있는 걸까?' 이런 질문을 모아 매거진으로 엮었다. 그렇게 매거진 『프리낫프리』Free, not free가 세상에 나왔다. 매거진을 만들며 만난 많은 프리랜서도 나처럼 질문을 품고 외롭게 사막을 걸어가고 있었다. 확실하게 자신의 길을 가고 있다고 여겼던 이도 마찬가지였다. 어쩌면 혼자 일하는 한 외로운 분투는 필연적으로 따라오는 것일지도 모른다.

『프리랜서로 일하는 법』 출간 제안을 받고 한 달에 천만 원을 버는 프리랜서도 아니요, 일하는 분야에서 스타도 아닌, 아니 사실 일하는 분야도 중구난방 다양한 내가 무슨 이야기를 할 수 있을까 걱정했다. 내 방황은 현재진행형인데 어떤 단단한 이야기를 전할 수 있을까? 방황의 과정을 돌이켜 봤다. 다행히 방황하며 배운 점이 많았다. 막무가내로 하루를 쓰지 않고 규칙적인 삶을 살아야 건강하게 계속 일할 수 있다는 점. 프로젝트의 시작부터 돈을 받기까지 나를 지키지 못했던 모든 순간들을 겪으며 나를 지키려 정돈한 나의 언어들. 매거진 『프리낫프리』를 만들며 만난 프리랜서들이 알려준 '일하는 삶'의 다양한 모델들. 프리랜서로 벽을 마주하며 던지기 시작한 노동 사회를 향한 질문들.

원고를 쓰며 여러 번 말을 골랐다. 프리랜서로 막 일을 시작한 이에게 도움이 될 만한 이야기들을 단정 짓지 않되 확고하게 전하려고 애썼다. 『프리랜서로 일하는 법』에 담긴 정보와 노하우는 동료 프리랜서와 꾸준히 소통하며 함께 성장했기에 다듬을 수 있었다. 덧붙여 프리랜서로 일하며 내가 겪은 방황의 발자취가 다른 프리랜서에게 공감과 위로를 주고 해결의 실마리를 줄지도 모른다는 마음으로 글을 골랐다. 책을 쓰는 나도, 책을 읽는 당신도 이 책의 끝에서 확실한 답을 얻을 순 없을 것이다. 다만 이 책을 통해 나를 지키며 지속 가능하게 프리랜서로 일할 수 있는 태도를 발견할 수 있기를 바란다.

III   같이 살기: 회사는 없지만 동료는 있습니다

I

살아남기: 프리랜서는 누구?

1
{ 나를 프리랜서라고 말해도 될까? }

"저를 프리랜서라고 해도 될까요?"

종종 이런 질문을 하는 프리랜서를 만난다. 이유는 다양하다. 생계를 유지할 만큼 돈을 벌지 못해서, 아르바이트를 병행하며 프리랜서 창작자로 활동하는데 아직 이렇다 할 대표작이 없어서, 자영업과 프리랜서 일을 동시에 하고 있어서, 혹은 프리랜서라고 말할 만큼 전문성이 없다고 느껴서.

프리랜서가 변호사처럼 공인된 시험을 거쳐야 될 수 있는 것도 아닌데 자꾸만 자격의 시험대에 나를 올려놓고 '나는 과연 프리랜서가 맞나?' 질문하는 사람들. 왜 이런 질문을 하는 걸까? 생각해 보니, 나도 프리랜서라는 말이 낯 간지러운 때가 있었다. 어딘가에 소속되지 않은 채 이곳저곳에서 조금씩 일을 받아 하고 있었으니, 일하는 나를 설명할 단어로는 프리랜서가 가장 적확했다. 그런데 어딘가에서 프리랜서라고 나를 소개할 때마다 묘하게 허세스럽고 간지러웠다. 프리랜서 번역가, 프리랜서 작가처럼 전통적이고 익숙한 직군에서 일했다면 조금 덜했을까? 나는 콘텐츠 마케팅을 하며 기획도 하고 글도 쓰는 사람이었다. 글 쓰는 프리랜서라고 하면 등단한 작가이거나 적어도 이름을 들어봤음직한 매체에서 기자 생활을 하다 독립해 프리랜서 에디터로 활동하는 사람쯤 되어야 할 것 같고, 프리랜서 마케터라고 하면 이름 있는 회사와 계약을 맺고 큰 자본을 굴려 성공적인 마케팅 캠페인 하나쯤은 해 본 사람이어야 할 것 같았다. 프리랜서 기획자라고 하면 '그래서 무엇을 기획하느냐'라는 질문이 따라올 게 분명한데, 기획자라면 공감하겠지만 기획이라는 것이 명확하게 딱 떨어지는 종류의 일이 아닌 탓에 한 마디로 무엇을 기획한다고 말하기 어려울 때가 많았다. 나를 포함해 "저를 프리랜서라고 해도 될까요?"라고 질문하는 사람들은 하나의 뾰족한 기술로 생계를 책임질 규모의 재화를 만들어 내지 못하기 때문에 '프리랜서'라고 소개하기를 머뭇거리는 것일지도 모르겠다.

『프리낫프리』 창간호에서 인터뷰한 신예회 작가는 1990년대 후반 처음 프리랜서로 일을 시작했는데, 일을 시작하고 한동안은 프리랜서보다는 아르바이트생이라고 자신을 소개했다고 한다. 1990년대 미디어에 노출된 프리랜서들은 '프리랜서 모델'이나 '프리랜서 포토그래퍼'처럼 한 가지 명확하게 전문화된 직업이 있고, 직장인보다 훨씬 수입이 많은 사람이 대부분이었기 때문에 프리랜서라고 말하기가 꺼려졌다는 것이다.

1980년대생인 내가 처음 만난 프리랜서는 미드 『섹스 앤 더 시티』의 주인공 '캐리'다. 프리랜서 칼럼니스트인 캐리는 뉴욕 맨해튼의 넓은 아파트에 혼자 살며 지미추 구두와 펜디 가방을 충동적으로 구매할 만큼 돈을 번다. 놀라운 건 그 돈을 매주 연재하는 칼럼 시리즈 하나로 번다는 것이다. 사실, 캐리는 프리랜서로는 환상에 가까운 캐릭터가 맞다. 그러나 1990년대, 2000년대 초반까지만 해도 프리랜서라고 하면 직장인보다 훨씬 더 능력 있고 돈을 잘 버는 전문직 직군에 한정된 소수의 직업인으로 비춰졌다는 점을 감안해야 한다. 아마 여기에는 직장인이 디폴트였던 시대에 프리랜서의 삶을 다각적으로 보고 이해할 기회가 부족했다는 점이 작용했을 것이다. 그래서 지금 한창 프리랜서로 일하는 밀레니얼에게 과거 심어진 '상'은 실제 삶의 모습과 간극이 크다.

지금 프리랜서로 일한다는 건 어떤 것일까? 확고한 전문성을 앞세워 조직에 속하지 않아도 먹고 살 만큼, 혹은 직장인보다 더 많은 돈을 버는 사람만 프리랜서라고 칭할 수 있을까? 물론 자기 분야에서 브랜드와 전문성을 탄탄하게 구축하고 고소득을 올리는 프리랜서도 있다. 간과하지 않아야 할 부분은 그렇지 않은 이도 충분히 많다는 점이다. 과거에는 조직에서 일하며 그 분야에서 적절한 네트워크를 구축하고 전문가로 독립하는 경우가 많았다면, 요즘은 처음부터 프리랜서로 일을 시작하는 사람도 있다. 콘텐츠 창작 분야가 특히 그렇다. 직군 특성상 정규직 자리가 아예 없거나 희소해서 그 업을 선택할 때 애초에 취업이 선택지에 없기 때문이다. 그들은 처음부터 프리랜서로 일하며 스스로 성장한다. 그 과정에서, 인정받기까지 프리랜서들은 꾸준히 정체성의 혼란을 느낀다.

충분히 업력을 쌓은 이들도 마찬가지다. 하나의 일로 생계를 유지할 수 있는 시대가 아니니 여러 일을 병행한다. 글 쓰는 프리랜서는 글로만 먹고 살기 힘들다.

원고료는 몇 년째 고정이다. 내가 일을 시작한 10년 전과 지금의 원고료가 거의 차이가 없으니 말 다했다. 몇십만 부짜리 베스트셀러를 매년 내는 게 아니라면 글만 쓰며 살기는 녹록지 않다. 비단 생계 때문만은 아니다. 세상과 단절된 글이 아닌 연결된 글을 쓰려면 속세에 부비며 살아야 한다. 속세의 복잡한 비즈니스 안에서 프리랜서 작가는 작가이다가 강연자이다가 기획자가 된다. 누군가는 사업자를 내고 1인 사업을 시작하기도 한다. 그러다 보면 내가 작가인지 강연자인지 아니면 대표인지 혼란스러운 시점이 온다. '내가 프리랜서가 맞나?' 끊임없이 질문하게 된다.

　모든 직장인이 돈을 잘 벌고, 그 분야에서 전문가이며 정확하게 내가 하는 일이 무엇인지 설명할 수 있는 건 아니다. 한 가지 일만 하는 것도 아니다. 그럼에도 직장에 다니기 때문에 직장인이라고 자신을 소개한다. 직장인을 떠올릴 때 하나의 상이 맺히는 것이 아니듯, 프리랜서도 마찬가지다. 각자의 상황에 따라 일하는 방식도 형태도 수익도 다르다. 돈을 많이 못 버는 프리랜서도 있고, 아직 전문성을 쌓고 있는 프리랜서도 있다. 여러 일을 종횡무진 하는 'n잡러' 프리랜서도 있다. 그런데 왜, 도대체 어째서, 프리랜서만이 내가 프리랜서가 맞는지 계속 질문하느냐 이 말이다. 회사 매출이 마이너스여도 회사 대표는 여전히 대표이듯, 개봉한 영화가 망해도 영화감독은 여전히 감독이듯, 프리랜서도 마찬가지로 성취가 더디거나 수익이 적어도 조직 밖에서 독립적으로 노동하고자 한다면 그냥 프리랜서라고 말하면 안 될까?

'시간과 공간의 제약에서 비교적 자유로우며 조직에 속하지 않은 상태에서 유연한 노동을 추구하는 사람.' 프리랜서의 일하는 상태는 간단히 이렇게 정리할 수 있을 텐데, 나는 한 가지 관점을 더 보태고 싶다. 한 사람을 '프리랜서로만' 보지 않는 것이다. 한 사람의 성격을 한 단어로 정의하기 어렵듯이, 한 사람의 노동하는 모습 역시 한 단어로 정리하기 어렵다. 꼭 금수저라도 타고난 듯한 '성골' 프리랜서 이미지는 일하는 모습을 평면적으로 정의하려는 시도 때문에 생긴다.

아르바이트를 하며 그림 작업을 병행하는 사람은 아르바이트생이자 그림 그리는 프리랜서, 카페를 운영하며 프리랜서로 외주 일을 병행하는 사람은 카페 사장이자 프리랜서로 바라보면 된다. 계약 형태로 보면, 자유로운 계약으로 일하는 모든 사람들이 그 외 어떤 형태로 다른 일을 병행하든 프리랜서 계약으로 일하는 분야에서는 프리랜서가 된다. 「서울특별시 프리랜서 권익 보호 및 지원을 위한 조례」를 보면 프리랜서란 「근로기준법」 등 노동관계법의 적용을 받지 않고 계약의 형식과 무관하게 일정한 기업이나 조직에 소속되지 않은 채 자유 계약에 의해 일하는 사람을 의미한다. 이 책에서는 자유 계약으로 일하는 사람이라면 그 형태와 분야에 관계없이 그 외의 노동 형태(사무직, 사업자 등)를 병행하는 것과 별개로 프리랜서 형태로 일한다고 본다.

2
'알음알음'의 꽃말은 사회생활

『브런치』에 올리는 「프리랜서로 살아남기」 시리즈 중 가장 조회수가 높은 글은 '프리랜서, 일은 어떻게 구해요?'이다. 지금 프리랜서로 일하는 사람도 프리랜서로 일하고자 하는 사람도 가장 큰 관심사는 역시 '일을 구하는 방법'인가 보다. 일감을 구하는 데에는 많은 변수가 작용하기 때문에 딱 떨어지는 공식이 없다. 혹시 누군가 확신에 차서 "이렇게 하면 당신도 프리랜서로 월천만 원 가능!"이라고 말한다면 도망치기를. 마치 "이종목을 사면 당신도 주식 수익률 500퍼센트 달성 가능!"처럼 허황되고 무책임한 말이다. 개인마다 일하는 분야와 직업, 처한 상황, 기질이 모두 다르기 때문에 그만큼 일을 구하는 방식도 다양하다. 하지만 공통적으로 등장하는 표현이 있다.

"일은 어떻게 구해요?"
"알음알음 구하죠, 뭐."

'알음알음'의 뜻은 '서로 맺고 아는 관계'다.

흔히 사회생활이 힘들어 프리랜서로 일한다고 한다. 나도 처음 프리랜서로 일할 때 비슷하게 말했다. 이 말의 일부는 맞고 일부는 틀렸다. 프리랜서가 되면 '조직에 속한 상태로 지속해서 조직의 규율에 맞춰 일하며 나와 맞지 않는 사람과 매일 얼굴을 봐야 하는' 상황은 피할 수 있다. 그러나 '나에게 일을 주거나 함께 일할 수 있는 사람들이 모인 곳에 꾸준히 내 존재감을 드러내며 때로는 의사결정권자가 마음에 들지 않아도 포커페이스로 영업을 하는' 일은 조직 안에 있는 사람보다 훨씬 더 많이 해야 한다. 알음알음 일을 구하려면 서로 맺고 아는 관계를 늘려야 한다. 단순하게 계산해서 아는 사람 중 1퍼센트의 확률로 나에게 일을 준다면, 100명을 알면 1명이, 200명을 알면 2명이 일을 줄 테니까. 여기서 '안다'는 것은 단지 친분이 아니라 내가 어떤 분야에서 어떤 일을 하는지 아는 것을 의미한다.

　이쯤 되면, 그래서 어떻게 알음알음 아는 사람을 늘리고 그들에게서 어떻게 일이 들어오는지 조금 더 구체적인 사례가 궁금할 것 같다. 앞서 말했듯 100명이면 100개의 영업 방식이 있으므로 내가 지금부터 설명하는 내용이 딱히 정답이라고 말하기는 어렵다. 하지만 이런 사례를 통해 어떤 패턴을 발견할 수 있으리라 기대하며 몇 가지 에피소드를 소개한다.

　프리랜서가 되고 몇 년은 회사를 통해 연을 맺은 사람이 일을 주었다. 회사 프로젝트를 하며 친해진 클라이언트, 선후배, 같은 클라이언트를 두고 일했던 협력사 팀장님 등 잠깐이나마 일로 만났던 사람들이 프리랜서가 필요하거나 주변에서 소개를 부탁 받을 때 연락을 줬다. 물론 이렇게 연락을 받을 수 있었던 건 "저는 이제 회사에 취직하지 않고 프리랜서로 일할 것입니다"를 사석에서, SNS에서 열심히 외치고 다녔기 때문이다. 가끔은 친한 클라이언트나 업계 동료와 점심 약속을 잡았다. 그들의 회사 근처에서 점심을 먹으며 근황을 얘기하고, 일할 여유가 있으니 글 쓸 사람이 필요하면 연락을 달라고 자연스럽게 이야기했다.

　점심 약속 전략이 효과적으로 발휘된 프로젝트가

있다. 정말 일이 들어오지 않던 때였다. 이대로 취업 전선에 뛰어들어야 하나 깊이 고민할 때쯤, 친한 클라이언트와 점심식사를 하던 자리에서 나온 이야기가 떠올랐다. "이번에 매거진 카테고리를 신설해요. 프로젝트 정리되면 꼭 연락할게요. 작가님도 콘텐츠 에디터로 참여해야죠!" 자사 서비스에 매거진 카테고리가 신설되는데, 프리랜서 에디터를 여럿 섭외해 콘텐츠를 만드는 프로젝트를 설계 중이라는 얘기였다. 슬쩍 그에게 연락해 그 프로젝트는 어떻게 진행되고 있는지 물었다. 그는 대뜸 하소연을 시작했다.

"작가님 제가 안 그래도 연락드리려고 했어요. 요즘 고민이 많아요. 이게 콘텐츠 수가 많아서 프리랜서 에디터를 몇 명 투입해야 할 것 같은데, 이미 저도 하고 있는 일이 많아서 프리랜서 에디터들을 관리하는 게 어려워요. 적당한 회사를 찾아보는데도 마땅치 않고……"

그의 말을 듣고 바로 미팅을 요청했다. 개인으로 들어가기에 예산 규모가 큰 프로젝트였지만, 일단 만나 보면 답이 나올 것 같았다. 미팅 일정을 잡고 나니 최근 점심을 먹었던 업계 선배가 떠올랐다. 선배는 같은 업계에서 작은 콘텐츠 회사를 운영하고 있었다. 선배에게 연락해 프로젝트 수주를 제안했다. 선배 회사로 프로젝트를 계약하고 실무를 함께 하되, 프로젝트 매니저(PM)로 나를 고용하는 조건이었다. 물론 프리랜서 계약이었고, 그렇게 개인으로는 수주하기 어려운 수천만 원 규모의 프로젝트를 따냈다.

'알음알음'이 신기한 것은 정말 기대하지 않았던 관계에서 일이 들어온다는 것이다. 대학 선배의 부탁을 받고 쇼핑몰 창업주 대상으로 온라인 마케팅 실무 강의를 했는데, 그때 수강생이던 쇼핑몰 대표가 자사 브랜드 온라인 마케팅 업무를 제안했다. 나는 그 회사의 프리랜서 마케터로 10개월가량 월급을 받으며 일했다. 대학시절 연극제 활동을 함께하며 친해진 친구 A는 그의 대학교 동창 B가 프리랜서 콘텐츠 에디터를 찾는다며 나를 소개했다. B와 한 달간의 협업을 마칠 때쯤 B의 비즈니스 파트너 C가 연락을 했다. C의 대학 동기 D가 프리랜서를 찾는다는 내용이었다. 마치 사돈의 팔촌 대학 동창 친척 동생까지 연결되는 기분. 케빈 베이컨의 6단계 법칙 같은 일이 프리랜서 세계에는 존재한다.

지원 사업이 외주로 이어질 때도 있다. 내가 지원한 사업의 담당자가 다른 사업 혹은 다른 팀의 사업에 사람이 필요할 때 연락을 주는 식이다. 사업에 지원하기 위해 쓰는 지원서에는 내 모든 활동의 축약본, 즉 포트폴리오가 포함된다. 사업에 참여하는 과정은 곧 담당자에게 내 능력치를 전달하는 기회다. 내가 하는 일을 이해하고 업무상 신뢰를 쌓은 사업 담당자는 자신에게나 다른 담당자에게 사람이 필요할 때 나를 찾을 확률이 높다. 가끔은 뻔뻔하게 영업성 멘트를 날릴 때도 있다. 한번은 모 기관 지원 사업 담당자가 내가 참여한 사업의 아카이브북을 보내겠다며 연락을 했다. "저도 아카이브 잘해요. 담당자님. 필요할 때 꼭 연락 주세요!" 글쎄 실제 연락을 줄지는 모르지만, 일단 어필해 본다. 지원 사업은 내 창작 능력을 실험해 볼 수 있는 기회인 동시에 새로운 알음알음 아는 관계를 만드는 과정이다.

코워킹 스페이스도 단순한 업무 공간을 넘어, 때때로 코워킹의 가능성을 마련해 준다. 내가 일했던 코워킹 스페이스에는 스타트업을 준비하는 예비 창업자나 소규모 스타트업 멤버가 많았다. 아직 정규직을 채용하기에는 비즈니스가 궤도에 오르지 않았지만, 사업을 추진하기 위해 필요한 업무가 비정기적으로 발생하곤 한다. 같은 공간에서 일하며 종종 소모임을 통해 내가 어떤 일을 하는지 소개할 기회가 있었다. 이런 기회는 자연스럽게 스타트업과의 협업으로 이어졌다.

"일단 500명에게 메일을 보냈어요. 누가 일을 줄

지 모르니까요." 2019년 기획한 프리랜서 모임「그래도, 프리랜서」에 참여한 K는 토익강사를 하다가 유튜버, 디자이너, 영상 편집자로 업을 전환했다. 처음에는 일이 없어 토익 강사 경험을 살려 강사 500명에게 포스터 디자인 및 교육 영상 편집 영업 메일을 보냈다고 한다. 결과는 놀라웠다. 감당하기 어려울 만큼 많은 사람들에게 회신이 왔다. 일을 의뢰하는 사람이 많아 오히려 일을 골라야 했다고. 일을 구하고 싶어 하는 프리랜서 못지않게, 그 일손을 필요로 하는 클라이언트들이 "○○ 일 해 줄 프리랜서 추천해 줄 수 있나요?"라고 묻는 경우도 많았다. 누군가는 나를 찾고 있을지도 모르니, 먼저 적극적으로 포트폴리오를 돌려 보자.

「종이잡지클럽」에서 '밀레니얼의 일'을 주제로 개최한 토크콘서트에 패널로 참여했을 때다. 한 참여자가 이런 질문을 했다. "일이 들어오지 않을까 봐 불안하지는 않나요?" 그때 즉흥적으로 대답했다.

"불안하죠. 그래도 일은 들어온다고 믿어요. 내가 가만히 있지 않으니까요."

계속해서 사회 관계망에 나를 드러내다 보면 알음알음 아는 사람이 늘어나고 그중 한 명은 나에게 일을 주겠지. 이런 믿음이 불안을 지탱하고 있었다. 핵심은 나에게 일을 줄 누군가를 많이 만드는 것. 그러니까 '알음알음'의 꽃말은 사회생활이다.

3
{ 프리랜서가 프로젝트를 수행하는 과정 }

편집자로부터 "『프리랜서로 일하는 법』을 다혜님이 써 보면 어때요?"라는 제안을 받고 나서 가장 먼저 떠오른 내용이 바로 이거였다. 프로젝트를 수행하는 과정.

사실 나는 에이전시에서 일할 때 이러한 과정을 수없이 반복했기에 혼자 독립해서도 프로젝트를 진행하는 데 어려움을 느낀 적은 없었다. 그러던 중 프리낫프리 인스타그램 DM으로 이제 막 프리랜서로 일을 시작한 가은 씨의 메시지가 도착했다. '인터뷰를 빙자해 다혜님을 꼭 만나 보고 싶다'는 솔직한 제안에 흔쾌히 응했다. 흰 지붕과 흰 벽, 그만큼 하얀 나비 주름 커튼이 인상적인 어느 카페에 앉아 가은 씨는 질문을 던지기 시작했다. 여러 이야기가 오갔으나 그중 가장 인상적이었던 질문은 이것이다.

"일 제안이 들어왔는데요, 그다음에 뭘 어떻게 해야 하는 거예요? 도무지 모르겠어요."

아, 그래. 모두가 나처럼 에이전시에서 인이 박이도록 여러 프로젝트를 반복하다 퇴사하는 것은 아니겠지. 일이 들어오면 어떤 과정을 통해 계약까지 연결되는지, 실무를 하는 과정과 프로젝트를 끝낸 뒤에는 무엇을 챙겨야 하는지 막막한 프리랜서도 있겠지.

프리랜서로 일을 시작한 2014년부터 2020년까지 진행한 프로젝트를 모두 추려 보니 짧게는 일주일부터 길게는 10개월이나 되는 크고 작은 프로젝트가 60여 개였다. 시작부터 끝까지 동고동락했던 일들이다. 내용도 클라이언트도 다양하지만, 일의 전체 흐름 속에서 공통의 규칙이 보였다. 개별 프로젝트를 수행하는 과정에서 좋았던 상황, 힘들었던 상황, 손해 본 이야기를 모아 보니 각 과정에서 이것만은 챙기면 좋겠다는 나만의 매뉴얼이 다듬어졌다. 이제 막 프리랜서로 일을 시작했다면, 이 글에 나온 방식으로 한번 따라해 보면 좋겠다. 그다음에 자기만의 방식을 찾아도 좋다.

근데 일단 한번 믿고 따라해 봐요. 회사에서 한 프

로젝트까지 합하면 내가 100개 가까이 되는 프로젝트를 쥐락펴락했는데, 좀 믿음이 가지 않아요?

① 작업 문의 및 견적 확인

프리랜서의 일은 작업 문의가 들어오는 순간부터 시작된다. 작업 문의가 들어오는 통로는 다양하다. 지인을 통해 들어오기도 하고 온라인 채널을 통해 들어오기도 한다.

안녕하세요. 작가님

이번에 저희 ○○기관에서 200페이지 내외의 책자를 제작할 예정입니다. ○○사업에 대한 아카이브북이며 2021년 9월 발행을 목표로 하고 있습니다. 작가님께 책자의 원고 편집 작업을 의뢰하고 싶습니다. 제작된 책자는 유관 기관에 무상 배포될 예정입니다. 예산은 ○○만 원이며, 이 예산으로 작업이 가능할지 문의 드립니다.

[의뢰 내용 요약]

— 사업 내용: 2021년도 ○○기관 ○○ 프로젝트 홍보 책

자 제작

- 분량: 크라운판, 200페이지 내외
- 작업 일정

    4~6월: ○○ 프로젝트 시행 기간

    7월: 취재 및 원고 작성 (실제 업무 기간)

    8월: 디자인 및 편집

    9월: 인쇄 및 발행

- 비용: ○○만 원(원천세 8.8% 제외 후 지급)
- 계약 방식: 개인 용역 계약(기타소득 원천세)
- 참고 자료: 2020년도 ○○ 프로젝트 홍보 책자 다운로드 링크

    위 내용 확인하시고 가능 여부 회신 부탁드립니다.

지금 정리한 내용은 내가 생각하는 가장 이상적인 작업 문의 메일이다. 전체 사업에 대한 소개, 의뢰하고 싶은 일의 내용과 과업 범위, 산출물의 분량, 작업 일정, 작업료, 작업물이 배포되는 방식 등 상세한 정보가 담겨 있다. 물론 이렇게 이상적인 메일이 오는 경우는 경험상 10퍼센트 미만이다. 대체로는 "작가님 요즘 많이 바쁘세요? 이번에 ○○ 사업에서 프리랜서 에디터를 찾고 있는데, 가능하신가요?" 하고 메시지나 전화가 온다. 그

나마 좀 괜찮은 경우 기간과 작업료 정도는 메시지에 포함된다. 이렇게 연락이 오는 이유는 1번 급하거나, 2번 일의 효율성을 위해서다. 작업이 가능한 상태인지부터 확인해야 담당 실무자 입장에서는 자세한 정보를 여러 번 설명하는 일이 줄어들기 때문이다. 가능성 없는 프리랜서에게 자세한 정보를 구구절절 설명할 시간이 실무자에게는 부족하다.

이렇게 정보가 부족한 의뢰를 받은 프리랜서는 어떻게 해야 할까? 내 경우는 스무고개를 하며 앞에 쓴 이상적인 메일처럼 내용을 채워 간다. '그래서 어떤 사업이라고요? 제가 정확히 어떤 일을 담당하게 되나요? 산출물의 분량과 형식은요? 일정은 어떻게 되나요? 그래서 얼마를 주시죠? 실비는 포함인가요? 계약 형태는 개인인가요 사업자인가요?' 스무고개 질문을 통해 파악한 정보를 바탕으로 견적서를 작성해 송부한다.

이 단계에서 중요한 것은 작업료와 지급 시점을 먼저 확인해야 한다는 것이다. 한국 사회는 노동의 값을 은밀하게 숨기는 데 재주가 있다. 연봉란에 '회사 내규에 따름'이라고 적힌 구인 공고가 가득하다. 프리랜서에게 일을 줄 때는 더 심하다. '소정'의 사례비, '소정'의 외주비를 준다고 하는데, 일정하게 정한 바(소정)가 있으면 바로 말해 주면 좋으련만 이상하게 그 정해진 비용을 꼭 프리랜서가 물어야만 말해 준다. 프리랜서는 매슬로 욕구 단계에서 상위 단계인 자아실현의 가치가 중요한 창작자라는 인식이 팽배한 나머지, 당연히 받아야 할 돈인데도 '돈만 밝히는 사람'이 될 것만 같아 작업료를 묻기가 조심스럽다. 그런데 잘 생각해 보자. 노동은 왜 하는가! 돈을 벌어 목구멍으로 밥을 넘기고 가끔 맛있는 칵테일을 마시고 허리에 좋은 스탠딩 데스크를 사며 다달이 보험료와 휴대폰 요금을 내기 위해 한다. 자신이 '노동자'임을 기억하고 일을 진행하기 전에 반드시 얼마를 주는지 '임금'을 물어야 한다. 이때 나를 돈만 밝히는 사람 취급하는 클라이언트를 만난다면, 애초에 함께 일하지 않는 게 나을지 모른다. 프리랜서를 노동하는 한 인간으로 존중하지 않는 사람일 가능성이 높기 때문이다.

② 사전 회의

일의 내용과 일정, 작업료가 합리적인 수준에서 협의된 뒤에는 일에 착수하기 전 사전 미팅을 한다. 1회성 강연이나 원고 청탁 등 메일로 정확한 내용을 확인하기 어려운 일이 아니라면 사전 회의를 꼭 하는 편이다. 메일로 전달되지 않는 클라이언트의 니즈와 산출물에 대한 상을 엿볼 수 있기 때문이다. 이전에는 대면 회의를 선호했지만, 코로나 19 발생 이후에는 아무래도 비대면 회의가 많다. 중요한 것은 실시간으로 양방향 소통을 하는 것이다. 회의 때는 클라이언트의 뇌와 나의 뇌를 '도킹'한다. 작업 문의 및 견적 확인 과정에서는 프로젝트의 '하드웨어'라고 볼 수 있는 일정·기간·작업료 등을 협의했다면, 사전 회의에서는 일의 내용과 방식 그러니까 프로젝트의 '소프트웨어'를 논의한다. 이상적이라고 생각하는 결과물의 모습은 무엇인지, 일하는 과정에서 어떤 식으로 내용을 공유하는 것이 좋을지, 일하는 방식이 나와 얼마나 다르고 얼마나 같은지 등을 한 시간여의 회의를 통해 가늠한다. 과업 지시서에 나온 모호한 문장들이 하나의 그림으로 그려지는 과정이다.

한 기관에서 아카이브북을 만드는 프로젝트를 논의하던 때였다. 과업 지시서에 '사업 참여자의 만족도 조사' '오프라인 행사 아카이브'라는 내용이 적혀 있었다. '사업 참여자의 만족도 조사'는 아카이브북 프로젝트와 거리가 있어 보여, 미팅 때 별도의 과업이 아닌지 물었다. 담당자는 "사업 참여자의 후기도 아카이브북에 들어가면 좋을 것 같아 만족도 조사라고 적었는데, 표현을 조금 바꿀까요?"라고 답했다. 그러니까 매거진의 편집 후기처럼 사업 참여자의 소감이 들어가면 좋겠다는 말을 '만족도 조사'라고 표현한 것이다. '오프라인 행사 아카이브'라는 문구는 어떤 행사를 말하는 것인지 논의를 이어 갔고, '오리엔테이션, 중간 발표, 최종 발표 행사 스케치 촬영 및 기사 작성'과 같이 구체적인 내용으로 정리했다.

사전 회의에서 어떤 클라이언트는 이상적인 결과물 샘플을 가져오기도 한다. 한 담당자는 첫 회의에 모 패션 브랜드의 브랜드 매거진을 들고 오며 "저는 딱 이 구성과 디자인 방향이 좋아요. 판형도 이대로 가면 좋고요. 이 책을 레퍼런스로 작업해 주시면 좋겠습니다"라고 요청했는데, 세상에 얼마나 감사한지. 정확하게 꽃 이름과 개수, 그만큼의 꽃이 들어가야 할 공간의 크기까지 정해 준 셈이었다. 사전 회의에서 클라이언트가 결과물의 상을 구체적으로 제시할수록 일은 수월해진다.

반면에 클라이언트가 우왕좌왕 방향을 잡지 못하면 그때부터 나는 프리랜서 실무자이자 기획자이자 독심술가가 되어 클라이언트의 마음을 파악해야 한다. 그러니까 꽃무늬를 좋아하신다고요? 음…… 화려한 모란

꽃……? 수수한 국화꽃……? 아니면 대중적으로 사랑받는 장미? 어떤 계열의 꽃을 좋아하세요? 색은요? 크기는요? 이렇게 클라이언트가 원하는 결과물의 구체적인 상을 맺을 수 있도록 질문을 이어 간다. 한 업체는 일단 웹진을 만들고 싶은데, 웹진을 만드는 목적이 무엇인지, 타깃이 누구이며 어떤 내용을 얼마만큼의 깊이로 담아낼지 전혀 계획이 없는 상태에서 미팅을 요청했다. 이런 경우 사전 미팅이 업무 협의를 하는 자리라기보다는 내 경험과 전문 지식을 바탕으로 컨설팅하는 자리가 될 가능성이 높다. 프리랜서 초기에는 몇 번이고 이런 회의에 무료로 참여했는데, 회의에서 돌아오는 길에 늘 찜찜한 기분이 들었다. '사업에 대한 초기 기획은 내부에서 정해야 하는데, 왜 내가 컨설팅을 하며 사업 기획까지 같이 해야 하지?' 그나마도 계약이 체결되면 다행이고, 계약이 불발된 뒤 설상가상으로 내가 제안한 아이디어로 다른 프리랜서 혹은 업체와 작업해 유사한 결과물이 나오는 걸 지켜봐야 할 때도 있었다. 그래서 언젠가부터 상대에게 명확한 기획 방향이 없다고 느껴지면 회의비를 요청했다. '내가 변호사도 아닌데 상담비를 받는 것처럼 회의비를 달라고 해도 될까?' 고민했지만 콘텐츠를 만드는 분야에서 나름대로 십여 년을 좌충우돌하며 깨달은 내 노하우를 사전 미팅이라는 미명하에 무료로 공유하는 것도 말이 안 된다. 아니, 일단 독심술을 하며 기획 방향을 잡아 가는 것도 내 노동의 일부다. 그러니 사전 미팅에서 컨설팅을 해야 할 것 같은, 혹은 기획에 에너지가 많이 들어갈 것 같은 느낌이 든다면, 꼭 회의비를 요청하자. 주면 당연히 좋고, 아니면 뭐 어쩔 수 없지.

③ 과업 지시서와 용역 계약서 검토 및 계약 체결

과업 지시서는 용역 업무 전반에 대한 구체적인 내용을 명시한 문서다. 책을 만든다고 하면 책에 들어가야 할 내용, 판형, 페이지 수, 부수 등이 포함된다. 용역 계약서는 과업 지시서를 바탕으로 업무를 수행할 때 상호 간 협의해야 할 내용을 추가한다.

　과업 지시서와 계약서 검토는 정말, 정말, 정말, 정말, 정말을 몇 번 붙여도 모자라지 않을 만큼 중요하다. 잘 쓴 과업 지시서와 계약서는 나를 지키는 방패가 되며 불공정하게 작성된 과업 지시서와 계약서는 내 발목을 잡는 족쇄가 된다. 두 가지는 가급적 도장을 찍기 전 파일로 공유해 줄 것을 요청하고, 내용상 문제가 없는지 검토하고 궁금한 내용은 물어보는 것이 좋다. 계약서 전부를 읽을 시간이 없다면 계약의 대상(내가 해야 하는 일의 범위), 양도 및 이용 기간 허락(내 결과물, 창작물의 저작권 양도 기간), 보수(얼마의 보수를 언제 지급받을 수 있는지), 용역의 완료 검사 및 인수(완료 검사 기간에 기준이 있는지) 부분이라도 꼭 확인하자.

덧붙여 선금인지, 중도금이 있는지, 후불인지, 후불이면 언제 주는지, 사업소득세(3.3퍼센트)를 떼는지 기타소득세(8.8퍼센트)를 떼는지 물어봐야 한다. 큰 금액이 오가는 프로젝트라면 나에게 일을 주는 회사 측에서도 무조건 계약서를 받아야 하기 때문에 걱정이 없는데, 원고 한 편이나 그림 한 건 등 단 건이며 100만 원 이하인 일을 할 때는 계약서를 챙겨 주지 않는 경우도 있다. 담당 실무자도 처리해야 하는 일이 많다 보니, 적은 금액의 외주 용역까지 복잡한 계약 체결 단계를 거치기 어려운 것이다. 그럴 때는 과업 내용, 과업 일정, 계약 금액, 지급 시기를 명시한 내용의 메일을 보내 서면으로 확인받는다. 계약서가 아니더라도 이런 서면 증거는 추후 임금 체불 상황에 확실한 증거가 된다.

한국저작권위원회에서 분야별 표준계약서 서식과 해설서를 다운로드할 수 있다. 내가 일하는 분야의 표준

계약서를 미리 살펴보며 계약서라는 문서와 친해지는
것이 좋다.

④ 작업 실무

계약을 체결하고 나면(보통은 계약을 체결하며 동시에)
작업에 들어간다. 실무 과정은 프리랜서마다 다 다르고,
세세한 과정을 나열하자면 이 내용으로만 책 한 권이 나
올 수도 있다. 간단하게 설명하자면, 실무를 할 때는 프
로젝트 수행에 필요한 실무 과정을 정리하고, 마감일을
기준으로 역산해 과정별 일정을 계획하고 실행한다. 별
거 없다. 성실히 마감을 지키기 위해 하나씩 일을 해 나
간다. 이 과정에서 클라이언트에게 현황을 공유하는 것
도 좋다. 한번은 프로젝트 단계별 업무 내용을 정리하고
현황 표를 만들어 단계별 업무가 끝날 때마다 업무 현황
과 앞으로의 계획 등을 클라이언트에게 간단하게 메일
로 공유했다. 여러 창작자의 프로젝트를 관리하는 일이
었는데, 기억에 의존하기 힘든 일이어서 스스로 해야 할
일을 확인하기 위해 표를 만든 김에 클라이언트에게도
공유한 것이다. 다음 해 그는 같은 일을 한 번 더 내게
맡겼다. 일을 맡기며 덧붙이기를, 일목요연하게 일하는

과정마다 정리해 공유해 주니 일할 때 든든하게 믿을 수 있는 파트너라는 느낌을 받았다고 했다. 물론 이 과정이 필수는 아니지만 믿고 맡길 수 있는 사람으로 기억되는 것은 여러모로 다음 작업의 발판이 되므로 해 보기를 추천한다. 일정을 정리하고 체크하는 게 대단한 기술이나 창의력을 요하지는 않는다. 아주 작고 쉬운 디테일로 믿을 만한 프리랜서가 될 수 있다.

⑤ 작업물 제출 및 수정

마감일에 맞춰 작업물을 제출한다. 일의 종류에 따라서 수정 작업이 거의 없을 때도 있고, 작업물 제출 이후 본격적으로 클라이언트와 커뮤니케이션 실무가 시작되는 때도 있다. 이때 프리랜서가 기억해야 할 것은, 적정한 방어와 수용을 통해 최대한 깔끔하게 프로젝트를 마무리하는 것이다. 클라이언트의 수정 요청을 어디까지 반영해 주어야 할지, 수정 제안이 부당한지 합당한지 판단하고 방어하거나 수용하는 과정에서는 고도의 기술이 발휘된다.

예를 들어 글 한 편을 쓴다고 가정할 때, 잘못된 정보를 수정하고 구성상 일부 내용을 추가하는 정도는 수용할 수 있다. 그러나 완전히 새로운 톤을 원한다면? 기획 단계에서 합의했던 구성과 전혀 다른 방향으로 새롭게 수정을 요구한다면, 그 제안은 방어해야 한다. 여기서 중요한 것은 사전에 충분히 합의한 내용이 증거로 남아 있어야 한다는 것이다. 그래서 통화보다는 메시지, 메시지보다는 메일로 중요한 협의 사항을 기록하고 전달하는 게 좋다. 사전에 합의한 내용을 통째로 바꿔 달라는 요구는 완전히 새로운 작업을 요구하는 것임을 주장하고 추가 비용을 청구하자. 물론 어려울 때가 더 많다. 프리랜서 입장에서는 아무리 무리한 요구라 하더라도 돈을 주는 주체가 받아들일 수 없다고 하면 결국 수용해야 할 때도 있다.

한번은 세 개의 표지 시안을 전달하고 그중 하나로 거의 확정을 한 상태였는데, 인쇄 직전 클라이언트가 '아무래도 표지가 이대로는 안 되겠다'고 말했다. 속에선 불이 확확 올라왔지만, 영 이해가 안 가는 건 아니었다. 나름대로 중요한 프로젝트의 과정을 기록한 책이니 기획자인 클라이언트 입장에서 욕심이 날 만도 했다. 여기서 나는 완전한 방어보다는 까칠한 수용을 선택했다. "원칙대로 하자면 새 표지 시안을 디자인하는 것이니 추가 비용을 받는 게 맞습니다. 다만 추가 예산을 집행할 여건이 되지 않으니 추가 비용을 청구하지는 않겠습니다. 다음에 일할 때는 처음 기획 단계에서 명확하게 의사를 알려 주시면 좋겠습니다." '까칠한 수용'이란 "예, 그럼요. 해드려야죠"가 아니라 '당신이 해서는 안 되는 요구를 했지만, 훌륭한 결과물을 만들기 위해 내가 요구를 수용해 주는 것'임을 명확하게 인지시키는 방식이다. 앞서 말했듯 추가로 비용을 요구하는 것도 방법이다. 비슷한 상황에서 추가 비용을 청구했더니 받아들여져 지급받은 경우도 있었다. 이런 복잡한 과정을 피하기 위해 계약서에 수정 횟수를 명시할 때도 있다. '수정은 총 3회까지 가능하다'라는 조항을 넣어 클라이언트가 애초에 기획 단계에서 수정을 최소화하는 방향으로 신중하게 고민할 기회를 주는 것이다.

⑥ 최종 컨펌 및 프로젝트 종료

이제 최종 컨펌만 남았다. 결과물을 전달하는 방식은 다양하다. 디지털 파일로 제출하는 방식, 인쇄물로 전달하는 방식, 디지털 파일과 인쇄물로 동시에 전달하는 방식, 심지어 디지털 파일을 USB에 담아 인쇄물과 함께 전달하는 방식도 있다. 종종 최종 컨펌이 지나치게 길어질 때가 있다. 컨펌이 길어지면 프로젝트 종료가 늘어진다는 것이고 그만큼 작업료 지급 일정도 미뤄지는 것이니 컨펌이 빨리 이루어지도록 클라이언트에게 은근한 재촉을 해 보자. 제일 좋은 것은 계약서 최종 결과물 인도 조항에 이런 단서를 넣는 것이다. '최종 결과물을 제작자가 수요자에게 인도한 뒤 2주 이내에 수요자는 의견을 제시할 의무가 있다. 2주 이내에 수정 의견이 없을 시 최종 컨펌한 것으로 간주한다.' 놀랍게도 나는 8월에 보낸 원고를 12월에 수정해 달라고 요청받은 적도 있다.

어떤 방식이든 최종 컨펌 메일을 받고 결과물을 제출하고 나면 비로소 프로젝트가 종료된다. 열심히 일한 프리랜서여, 이제 떠나라. 나만의 보상 시간으로. 프로젝트를 종료하면 작게라도 보상한다. 계속 일할 나를 위해 당근을 흔드는 것. 달콤한 케이크를 먹거나 미뤄 두었던 넷플릭스 시리즈를 정주행하거나 셀프 연차를 내고 하루 정도 푹 쉬기도 한다. 바쁜 정도에 따라 다르지만, 조금이라도 보상을 해 주고 나면 다음 일을 할 힘이 생긴다.

⑦ 작업료 지급 일정 확인 및 해촉증명서 발급

프로젝트 종료 후 남은 일은 이제 돈 정리다. 작업료는 언제 지급되는지 문의하고, 지급 날짜에 입금이 되는지 확인한다. 지급되지 않았다면 다시 요청한다. 지급이 되는지 확인한다. 이 과정을 반복한다. 작업료 지급 여부 확인과 함께 하면 좋은 것은 해촉증명서 발급 요청이다. 해촉증명서를 받아 두면 나중에 건강보험료를 낮출 수 있는 증빙 자료로 활용할 수 있다. 건강보험료는 수익이 발생한 시점에서 1년 이상이 지난 뒤 해당 수익을 바탕으로 책정된다. 그때 가서 해촉증명서를 요청하려면 번거롭다. 담당자가 퇴사했을 수도 있고, 보직이 변경되었을 수도 있다. 한번은 해촉증명서를 발급받아야 하는 회사가 폐업해 아예 발급이 불가했던 적도 있다. 무엇보다 2년 가까이 연락하지 않았던 클라이언트에게 대뜸 해촉증명서를 요청하기 위해 연락해야 하는 심리적 허들이 발생한다. 그러므로 해촉증명서는 계약 종료 시점에 요청해 두자.

프리랜서 중에는 프로젝트가 끝나고 나면 셀프 평가서를 작성하는 사람도 있다. 프로젝트를 진행하며 잘한 점, 아쉬웠던 점을 정리하고 일한 시간에 비해 작업료는 적정했는지, 부족했다면 다음에는 이런 종류의 일을 계약할 때 작업료를 어느 정도 받아야 하는지 등을 정리한다고. 모 프리랜서 일러스트레이터는 클라이언트를 평가하여 정리한다. 작업료는 적정했는지, 담당자와 일 궁합은 얼마나 잘 맞았는지, 약속을 잘 지키는지 등 정량 평가표를 만들어 기준 점수를 통과한 클라이언트는 다음 의뢰가 들어올 때 일을 받고, 통과하지 못한 클라이언트는 다음에 일을 또 의뢰하더라도 하지 않는다고 한다. 정성 평가든 정량 평가든 프로젝트를 정리하는 습관은 노동 환경을 개선하고 프리랜서로 성장하는 데 확실히 도움이 된다.

프리랜서 직군마다, 하나하나의 프로젝트마다 특수성이 있겠지만, 일하는 과정의 큰 흐름을 이해하고 그 흐름에 따라 챙겨야 할 일이 무엇인지, 어떤 태도를 가지면 좋을지 고민해 보고 일을 하는 것과 무턱대고 일을 하는 것에는 분명히 차이가 있다. 모든 과정은 연결된다. 하나의 과정에서 삐그덕대며 불협화음을 내면, 그 불협화음은 눈덩이처럼 커져 프로젝트가 종료될 때까지 나를 괴롭히기도 한다. 견적과 계약서 확인을 제대로 하지 않으면 예산에 비해 많은 노동을 해야 할 수도 있고, 사전 회의를 통해 클라이언트와 기획 방향을 명확하게 논의하지 않으면 몇 번이고 같은 작업을 반복해야 할 수도 있다.

　여기에 정리해 둔 것이 모든 프리랜서가 적용할 수 있는 답은 아니다. 중요한 건 일을 하며 프로젝트를 수행하는 나만의 과정과 흐름을 만들어 보는 것이다. 나를 지키며 일하고 성장하는 데 탄탄한 기초공사가 될 수 있다.

4
{ 내 노동의 증명서, 견적서 }

처음 견적서를 쓸 때가 생각난다. 모 회사의 SNS 마케팅 채널을 운영하는 일이었다. 우선 그 채널을 운영할 때 필요한 일의 종류를 나열했다. SNS 마케팅 채널을 운영하려면 먼저 월간 마케팅 계획이 수립되어야 하고, 그 달에 몇 개의 콘텐츠를 어떤 내용으로 언제 발행할지 계획하는 마케팅 캘린더가 나와야 한다. 마케팅 캘린더가 정해지면, 콘텐츠를 상세하게 기획하고 이미지 제작을 위한 구성안을 만든다. SNS 콘텐츠를 만들기 위해 촬영을 해야 할 수도 있고, 어떤 콘텐츠는 현장 취재가 필요할 수도 있으니 한 달에 몇 건 정도 촬영과 현장 취재를 나갈 수 있는지 가늠해 본다. 마케팅 채널에서 프

로모션을 진행한다면 몇 건을 할 수 있는지, 그 프로모
션을 진행하는 과정에서 필요한 업무도 정리한다. 콘텐
츠를 발행하고 나면 인사이트(정량적 인사이트는 노출
수, 댓글과 좋아요, 공유 수 등, 정성적 인사이트는 콘텐
츠에 대한 텍스트 반응과 브랜드에 긍정적 효과를 주었
던 메시지 방향 등)를 정리한 보고서를 만들어 공유한
다. 그 보고서를 바탕으로 다시 다음 달의 마케팅 플랜
을 수립한다. 여기에 상시로 커뮤니케이션이 필요할 테
고, 마케팅 수립 및 보고 월 2회는 대면 회의가 필요하
니 해당 항목도 견적서에 넣는다.

월간 콘텐츠 기획 및 상시 커뮤니케이션

　　1회/개월, ○○만 원

정보성 콘텐츠 기획 및 디자인(이미지 ○○장 기준)

　　10건/개월, ○○만 원

취재형 콘텐츠 기획 및 디자인(현장 취재 1회, 이미지

○○장 기준)

　　5건/개월, ○○만 원

프로모션 기획 및 운영

　　1회/개월, ○○만 원

프로모션 콘텐츠 디자인(카드뉴스 1건, 포스터 1건, 배너

1건)

　　1회/개월, ○○만 원

월간 인사이트 데이터 정리 및 보고서 작성

　　1회/개월, ○○만 원

오프라인 보고 및 기획 회의

　　2회/개월, ○○만 원

　이렇게 구구절절 긴 SNS 마케팅 채널 운영 견적서를 완성한다. SNS 마케팅 채널 운영에 월 ○○만 원으로 심플하게 제안할 수 있지만, 이렇게 구체적으로 적는 이유는 이 프로젝트에 그만큼 비용이 들어가는 이유를 클라이언트에게 설득하기 위해서다. 프리랜서를, 아니 모든 직업인을 '빡치게' 하는 질문 TOP 3에 꼭 들어갈 것 같은 질문이 있잖은가. "그거 하는 데 이렇게 비싸요?" 응용하자면 이런 질문이다. "원고 하나 쓰는 데 이렇게 비싸요?" "그거 하나 디자인 하는 데 그렇게 비싸요?" 이런 질문을 미연에 방지하기 위해 나는 견적서를 구구절절 적는다. 당신이 보는 최종 결과물이 나오기까지 나는 이만큼의 세세한 일들을 한다오. 그러니까 그 결과물이 나오기까지 필요한 돈이 이만큼인 이유를 이해하겠습니까?

물론 견적서를 보고도 이해하지 못하는 사람도 있지만, 최종 결과물에 대한 값만 간단하게 보여 줄 때보다 모든 과정과 그 과정에 들어가는 비용을 세세하게 보여 줄 때 조금이라도 나의 노동의 무게를 전할 수 있다. 견적서는 어쩌면 내 노동의 과정과 무게를 설명하는 설명서에 가까운 문서다.

그래서 견적서를 정리할 때는 꼭 기획, 운영, 대면 미팅 등 보이지 않는 노동을 끌어내 항목으로 포함한다. 그래야 가려진 노동이 아닌 '드러난 노동'으로 합당한 값을 요청할 수 있다. 기획자는 특히나 기획 비용을 넣을지 말지 고민하게 되는데, 나는 꼭 넣었으면 좋겠다. 기획자의 일이란 결국 기획하고 관리하고 운영하고 커뮤니케이션하는 일이 기본이기 때문이다.

기관 견적서는 2019년에 처음 써 보았다. 그때 인상적인 항목은 '일반 관리비'와 '이윤' 항목이었다. 보통 기관 견적서에는 항목별 예산을 더한 소계 금액에 5퍼센트를 곱해 일반 관리비를 만들고, 이 일반 관리비와 소계 금액에 8퍼센트를 곱해 이윤 항목을 추가한다.

소계 금액: 100만 원
일반 관리비: 소계 × 5퍼센트 = 5만 원

이윤: (소계 + 일반 관리비) × 8퍼센트 = 8만4천 원
합계: 113만4천 원

이렇게 계산하면 전체 합계 금액에서 일반 관리비와 이윤이 대략 12퍼센트를 차지한다. 나는 기관 견적서를 쓰고 난 뒤 다른 일의 예산을 정할 때도 10~15퍼센트를 관리 및 이윤 항목으로 예산에 넣는다. 여기에 기획비는 기획할 분량에 따라 전체 예산의 5~20퍼센트 사이에서 책정한다. 사실 기획자가 아니라 디자인을 하거나 그림을 그리거나 영상을 찍는 사람도 모든 제작 과정에서 클라이언트와 커뮤니케이션하고 콘셉트를 잡는 기획 작업을 하게 된다. 내가 받는 돈의 항목이 어떻게 구성되는지 계산해 보는 것, 그 안에서 보이지 않는 노동의 값을 견적서에 포함해 보는 것은 전체적으로 내 노동에 대해 합당한 값을 받게 되는지 점검할 수 있는 방편인 동시에 클라이언트에게 노동의 가치를 설득하는 데 좋은 도구가 된다.

구구절절 긴 견적서의 장점이 또 하나 있다. 외주비를 절감할 때 나의 노동도 하나씩 뺄 수 있다는 점. 마치 장바구니에 담긴 식재료를 하나씩 빼듯 말이다. 아 30만 원을 줄이고 싶다고요? 그렇다면 고객님 이 물건은

장바구니에서 빼야 합니다. 실제로 최종 견적에서 비용을 줄이고 싶어 하는 클라이언트를 만난 적 있는데, 나는 콘텐츠 수량을 줄이고 대면 회의를 없애서 줄어드는 비용만큼 내 노동을 아낄 수 있었다.

견적서에서 단가를 정할 때는 전체 예산을 먼저 정하고 단가를 분배하는 방식이 편하다. 이 프로젝트에서 절대 제외할 수 없는 항목은 비교적 높은 단가로, 클라이언트가 제외할지도 모를 항목은 낮은 단가로 책정해 조정이 되더라도 최대한 예산을 지킬 수 있는 방향으로 정리한다.

5
{ **계약서는 최소한의 보호 장치** }

마치 뽑기를 하듯, 프리랜서는 클라이언트와 계약을
한다. 어떤 클라이언트를 만나게 될지 모른다는 말이
다. 운이 좋으면 제때 정확하게 비용을 주고 계약 범위
내에서만 업무를 요청하는 클라이언트를 만나지만, 삶
이란 그렇게 단순하지 않다. 때로는 계약 내용에 없는
일을 요구받기도 한다. 비용 지급이 밀리거나 아예 돈
을 떼이는 경우도 있다. (······) 사실 계약서가 모든 것을
보장하지는 않는다. 계약서는 그야말로 분쟁 상황에서
나를 보호할 '증거'일 뿐이며, 프리랜서의 권리를 주장
할 때 최소한의 법적 효력을 갖는 장치다. 즉, 계약서는
최소한의 보호 장치다.

— 매거진 『프리낫프리』 2호, 「계약서는 최소한의 보호장치다」

스페셜 기사 서문에 나는 이런 글을 썼다. 구두 계약으로 일했다가 약속한 금액에 못 미치는 작업료를 받았던 경험. 계약 내용보다 과도하게 일해야 했던 순간을 경험하며 나는 곧잘 이런 생각을 했다.

'계약서를 썼다면, 계약서를 잘 썼다면 나를 지키며 일할 수 있었을까?'

계약서를 쓴대도 어려운 점은 있다. 일단 용어부터 낯설다. '양수인은 누구야……? 도급은 뭐…… 급 나누는 기준인가……? 기타 일체의 일은 도대체 무슨 일이야?!' 계약 체결 절차도 대충이다. 이런 식이다. 다음 주 미팅에 오는 김에 도장을 찍으라고 한다. 미리 계약서를 공유받아 불공정한 조항은 없는지, 필요한 내용이 잘 들어가 있는지 꼼꼼히 살펴보고 싶은데, 까탈스러운 프리랜서로 비춰질까 걱정된다. 낯설고 급해서 계약서는 그저 형식적인 절차라 생각하고 도장을 찍는다.

계약서를 쓰지 않을 때도 있다. 원고 청탁 한 건, 강의 요청 한 건에 계약서를 일부러 쓰지는 않는다. 이때는 돈을 받을 때 지급확인서라는 서류에 서명을 한다.

아는 사람 혹은 계속 거래한 클라이언트가 주는 일이어서 계약서를 건너뛰고 일할 때도 있다. 서로 이미 신뢰하는 관계이니 구두 계약으로 일을 진행한다. 이렇게 제대로 검토하지 않은 계약서에 도장을 찍거나, 계약서 없이 일할 때 꼭 탈이 난다.

"건당 25만 원이고, 총 4건이야. 급하니 일단 일부터 하자."

그렇게 구두 계약으로 시작한 일은 정말 번갯불에 콩 구워 먹듯 절차도 과정도 없이 후루룩 진행됐다. 일이 끝나고 통장에 찍힌 돈은 80만 원. 20만 원이 비었다. 건당 25만 원으로 얘기했으니 돈이 비는데, 증거가 없었다. 구두 계약이었으니까. 카톡과 이메일을 전부 뒤졌지만, 어디에도 건당 25만 원이라는 내용은 없었다. 이후 나는 아주 사소한 일이어도 일의 내용과 작업료를 반드시 메일로 받는다. 계약서가 없더라도 최소한의 증거를 확보하기 위해. 일단 구두 계약은 믿지 않는다. 전화 통화나 미팅에서 오간 이야기는 남지 않고 흩어진다.

"계약서상 80페이지 내외라고 표기되어 있으니 100페이지까지 증면이 가능한 거 아니냐는 거야 글쎄."

책을 만드는 일을 계약할 때면 분량을 꼭 '○○ 페이지 내외'라고 적는다. 그 내외의 범위가 정확히 표기되지 않는다. 80페이지 내외로 책자를 제작하기로 계약했더니, 클라이언트가 어느 날은 100페이지까지 증면해 달라 요청했다는 지인의 하소연을 듣고 생각지 못한 '신박한' 갑질이라는 생각이 들었다. 그런데 계약서에 '80페이지 내외'로 적혀 있으니 반박할 논리가 부족했다. 이 사례를 보고 나는 계약서에 범위를 명시하기 시작했다. '80페이지 기준, 5퍼센트 내외로 증면이나 감면 가능'이라는 식이다.

"작가님. 오랜만이에요. 다름이 아니라 일전에 써주신 원고 번역을 넘기려는데, 수정할 것이 있어서 연락 드렸어요."

8월에 모든 원고를 넘기고 컨펌까지 끝낸 원고 수정을 12월에 요청받았을 때 기분이란. 그때 알았다. 인도물의 양도 조항. '수요자는 제작자가 인도한 최종 결과물을 2주 이내 검토 후 의견을 제시할 의무가 있으며, 별도 의견이 없을 시 해당 인도물을 최종 결과물로 확정하고 계약은 종료된다'라는 조항이 있다. 여기서 수요자는 클라이언트, 제작자는 프리랜서다. 즉 8월 1일에 프리랜서가 최종 원고를 클라이언트에 전달했고, 8월 15일까지 클라이언트가 별다른 수정 의견이 없을 시 해당 원고를 최종으로 간주하고 동시에 계약이 종료된다는 항목! 그래, 이 항목이 필요했다. 이 항목이 있었다면 8월에 최종 컨펌한 원고를 12월에 수정해 달라 요청하는 일은 없었겠지.

그 외에도 계약서에는 애매한 표현이 많다.

'본 프로젝트를 수행 시 제작자는 수요자의 지시에 따라 프로젝트 수행에 필요한 일체의 일에 협조한다.'

'제작자는 수요자의 요구에 따라 수정 및 보완의 의무가 있다.'

'결과물은 제작자의 저작권에 귀속되며, 결과물은 홍보물 일체에 활용된다.'

이런 표현들이다.

계약서에 '일체'라는 단어가 등장하면 일단 긴장한다. '일체의 일'이라는 표현은 계약되지 않은 일까지 감당해야 하는 단서가 될 수 있다. 책만 만들기로 했는데 배포까지 책임지게 될 수 있다. 특히 일러스트나 사진 같은 시각 창작물은 제공할 때 매체를 특정하지 않으면 내 작업물을 브랜드 웹페이지에, 책자에, 온갖 기념품에 사골국 우려먹듯 주구장창 써먹을지도 모른다. 분명 나는 하나의 매체에 그림 혹은 사진을 제공하기로 계약하고 그만큼의 돈만 받았음에도. 수정 및 보완의 의무는 더 골치 아프다. 수정의 범위, 횟수를 특정하지 않으면 기획을 이리 뒤집고 저리 뒤집어 가며 아예 새로운 작업을 두 번 세 번 하게 만들 수도 있다.

프리랜서는 일자리 하나에 오랫동안 붙박여 일하지 않는다. 우리는 매번 새로운 일자리를 찾고, 그 일자리가 얼마나 고될지 전혀 예측할 수 없는 상태로 일을 시작한다. 계약서는 이때 최소한의 안전장치로 기능한다. 최악의 상황에서 나를 지킬 논리가 명시된 종이 한 장. 이 종이 한 장의 무게를 매번 느끼며 오늘도 어려운 계약서 용어와 씨름한다. 까탈스러운 프리랜서로 비춰질지라도 내가 믿을 건 이 종이 한 장이니까.

프리랜서에게 가장 중요한 약속, '마감'

프리랜서가 하는 모든 일에는 시작과 끝이 있고, 그 끝에는 마감이 있다. 연재나 프로젝트 단위 계약이 많은 콘텐츠 분야 프리랜서는 특히 마감을 기준으로 일상이 흘러간다. 이러니 프리랜서를 다른 말로 '마감 노동자'로 칭하는 것도 무리가 아니다. 마감이 있는 몇 개의 프로젝트를 동시에 돌리는 일은 직장인이나 프리랜서나 매한가지다. 차이라고 한다면, 직장인은 어쨌든 회사에 출근해 정해진 시간 동안 자리를 지켜야 한다는 점이다. 상사에게 주기적으로 보고를 해야 하기도 하고, 원하든 원치 않든 해당 프로젝트의 시작부터 끝까지 수행하는 과정에 강제된 장치가 있어 어떻게든 일을 끝내게 되어 있다. 반면에 프리랜서는 강제된 과정이라는 게 없다. 결과물이 나오기 전까지 클라이언트에게 보고할 의무가 있는 것도 아니요, 정해진 시간에 자리를 지키며 일해야 하는 강제성도 없다. 의무와 강제성이 없어 자유롭지만, 자유로운 만큼 마감을 지키는 데서 직장인보다 훨씬 더 자기주도적인 능력을 요한다.

마감을 지키기 위한 능력에는 이런 것들이 있다.

— 시작부터 끝까지 업무를 세분화하는 능력.
— 세분화된 각각의 업무를 할 때 소요시간을 예측하는 능력.
— 일하는 과정에서 발생할 수 있는 예측 불가능한 상황에 대한 시나리오를 써 보는 능력.
— 계획이 틀어져서 마감을 준수하기 어려울 때, 적당한 시점에서 클라이언트에게 양해를 구할 수 있는 커뮤니케이션 스킬과 그 시점을 포착하는 능력.
— 마감을 지킬 수 있을 것 같았지만, 내 예측이 빗겨나갔을 때 '그럴 수 있다, 해결하면 된다'고 나를 토닥일 수 있는 포용력.
— 일의 우선순위를 정하는 능력.
— 하루, 일주일, 한 달의 업무 일정을 파악하고 적재적소

에 필요한 일을 배치하는 능력.

- 합리적인 마감 일정으로 클라이언트와 조율하는 커뮤
  니케이션 능력.
- 내 예측이 언제나 빗나갈 수 있다며 나를 의심하는
  마음.

뭐, 마감 하나 지키겠다고 이런 능력이 다 필요할까 싶을 수도 있지만 '마감을 지키자'라는 단순한 다짐 하나로는 절대로 지킬 수 없는 게 마감이다. 원고를 하나 쓰더라도 마감일 전날 부랴부랴 착수해서는 결과가 나오지 않는다.

내가 쓰는 원고는 대체로 청탁받아 쓰는 칼럼이나 에세이, 외주로 들어오는 취재, 인터뷰 기사, 기획 기사, 홍보 글로 나뉜다. 에세이나 칼럼을 쓸 때는 기본적으로 주제와 메시지를 정하고, 간단하게 어떤 이야기를 쓸지 구성을 정리한다. 구성에 맞게 초고를 쓰고, 몇 차례 퇴고를 한다. 퇴고 후에는 오탈자와 맞춤법을 검사하고 표기를 통일한다. 마지막으로 제목을 정한다. 이 간단해 보이는 과정은 짧게는 3일, 길게는 몇 주까지 걸린다. 주제를 정하고 구성하는 데 며칠이 걸리기도 하고, 초고를 완성하기까지 몇 주가 걸릴 때도 있다.

인터뷰 기사는 이보다 더 오래 걸린다. 인터뷰할 대상에 대한 자료 조사를 하고 질의서를 만들어 보낸다. 인터뷰이, 포토그래퍼와 인터뷰 일정을 조율한다. 인터뷰를 하고 나면 녹취를 풀어 정리한다. 인터뷰 녹취와 조사한 자료를 바탕으로 개요를 짠다. 비로소 글 쓸 준비가 완료됐다. 글을 쓰다가 추가로 필요한 내용이 생기면 자료를 더 조사하거나 인터뷰이나 취재원에게 추가 자료나 인터뷰를 요청한다. 초고가 완성되면 퇴고를 한다. 퇴고 후에는 마찬가지로 오탈자와 맞춤법 검사를 하고 팩트 체크를 위해 인터뷰이에게 기사 원문을 보낸다. 필요한 이미지 자료를 요청해 받기도 하고 포토그래퍼가 촬영한 사진을 받아 기사에 들어갈 이미지를 선택하고 적당한 곳에 배치한다. 기사 내용에 맞게 사진과 이미지를 배치하고 기사에 들어간 사진과 이미지를 디자이너 혹은 클라이언트가 식별하기 좋게 별도로 폴더로 묶은 뒤 파일명을 정리한다. 이런 과정을 통해 최종 원고가 완성되면 클라이언트에게 보내 피드백을 받는다. 이런 종류의 글은 나 혼자 완성하는 것이 아니기 때문에 관계자와 조율하고 협의하는 과정까지 고려해 일정을 잡는다.

더 큰 규모의 프로젝트는 규모만큼 해야 할 일도 많

고 예측 불가능한 상황도 많이 발생하기 때문에 더 촘촘하게 계획을 세운다. 프로젝트를 완수할 때까지 필요한 업무를 나열하고, 각 업무 안에 세분화된 업무를 트리 구조로 정리한다. 그렇게 정리한 트리 구조를 바탕으로 '간트 차트'•를 그린다. 간트 차트에는 A라는 프로젝트를 끝낼 때까지 수행해야 하는 세분화된 일의 종류와 각각의 마감이 정리된다. 처음 정리한 간트 차트대로 일이 흘러가진 않지만, 시작하기에 앞서 세세하게 그 과정을 정리하면 일의 전체 흐름을 파악할 수 있으며 어느 시점에 일의 진척 사항을 체크해야 할지 가늠할 수 있다.

작은 마감을 만드는 이유는 크든 작든 하나의 일을 끝내기까지 여러 과정이 필요하고, 이 과정에서 예측 불가능한 상황이 발생할 것이 분명하기 때문이다. 예측 불가능한 상황은 정말이지 '무조건' 발생한다. 오늘 A 프로젝트 일을 마무리하려고 했는데, B 프로젝트에 이슈가 발생해 계획과 다르게 하루 종일 B 프로젝트 일을 해야 할 수도 있다. 협력하는 프리랜서, 클라이언트, 수많은 이해 관계자들이 내 기대와 다르게 일정을 지키지 않을 수도 있다. 어느 날은 몸이 좋지 않아 계획보다 짧게 일해야 하거나 병원에 가야 할 수도 있다. 멀쩡하던 컴

● 프로젝트 일정 관리를 위한 바(bar) 형태의 도구로, 각 활동이 시작하는 시점과 끝나는 시점을 막대 모양으로 표시해 전체 일정을 한눈에 볼 수 있다.

퓨터가 먹통이 될 수도, 오늘은 정말 각 잡고 일해야지 결심했는데 정신을 차려 보면 떡진 머리로 소파에 누워 유튜브 추천 영상을 반복 시청하는 해질녘의 내 모습을 발견할 수도 있다. 온 우주가 나의 마감을 방해하는 느낌이 들 정도로 일상은 예측 불가능하다.

　작은 마감을 만들어 일정을 여유롭게 설계하면 이런 예측 불가능한 상황에 대처할 수 있다. 정말 컨디션이 좋지 않은 날에 하루 정도 쉬어 갈 틈이 생기고, 갑자기 발생한 다른 프로젝트 이슈에 대응하느라 시간을 소진했다 하더라도 보충할 기회가 만들어진다. 마감에 닥쳐서 하루에 많은 일을 해야 하는 불상사도 미연에 방지해 준다. 당연히 일에서 실수도 줄어든다. 작은 마감들로 설계한 여유로운 일정은, 자동차로 치면 완충기 같은 역할을 한다. 완충기는 도로 상황에 따라 가해지는 충격을 흡수해 운전자가 적절히 편안한 상태를 유지할 수 있게 해 주는 장치다. 작은 마감을 만들어 일하는 것과 그렇지 않은 것은 피로감에서 크게 차이 난다. 완충기가 좋은 비싼 차, 흔히 말하듯 승차감이 좋은 차는 진동이 온 몸으로 느껴지는 차보다 운전할 때 훨씬 피로감이 덜한 것처럼.

　이렇게까지 해서 마감을 지키는 게 그렇게 중요하

냐고 물을 수도 있다. 단언할 수 있다. 마감은 중요하다. 마감을 지키는 것은 '프로'로서 일할 때 지녀야 할 가장 기본적인 태도다. 매거진 『프리낫프리』 창간호의 신예희 작가 인터뷰에서 굉장히 공감한 내용이 있다. 최상의 결과물을 내지만 마감을 잘 지키지 못하는 프리랜서 A, 늘 약속한 마감에 맞춰 적당한 결과물을 내는 프리랜서 B가 있다면, 클라이언트는 프리랜서 B를 선호할 것이라는 말이다. 에이전시에서 일하며, 프리랜서 기획자로 일하며 여러 프리랜서와 협업을 했다. 협업을 하다 보면 계속 일하고 싶은 사람, 이번 프로젝트를 마치고 각자의 길을 가도 되겠다고 생각하게 되는 사람이 있다. 전자는 일 궁합이 좋은 사람, 결과물을 바라보는 방식이 비슷한 사람, 안정적으로 일을 처리하는 사람 등 다양했다. 반면 후자, 즉 계속 함께 일하기 어렵다고 판단하게 되는 이유는 딱 하나였다. 마감을 지키지 못하는 사람.

도미노라고 표현한다. 프리랜서가 마감을 지키지 못하면 모든 일이 연쇄적으로 밀리고 위기에 처한다. 프리랜서가 협업하는 클라이언트는 대체로 에이전시에 있는 사람이다. 원청에서 A라는 프로젝트를 통으로 에이전시에 용역을 주면, 에이전시는 A 프로젝트를 수행할 때 필요한 일들을 쪼개 프리랜서를 섭외한다. 간트 차트를 그리고 단계별 마감을 정하고 그 마감에 맞게 프리랜서에게 마감일을 전달한다. 예상치 못한 상황을 대비해 어느 정도 여유를 두고 마감일을 제안하지만, 애초에 A 프로젝트를 준 원청에서 기간을 빡빡하게 줄 때가 많아서 생각보다 여유가 없다. 그렇게 급하게 일을 돌리는데 프리랜서가 마감을 어겼다고 생각해 보자. 이제부터 실무자는 지옥의 커뮤니케이션 레이스를 시작한다.

프리랜서가 마감을 어겼기 때문에 다음 단계 작업이 밀린다. 다음 단계의 일정이 줄어들거나 밀리면 담당 실무자의 일은 두 배 세 배가 된다. 일이 왜 밀릴 수밖에 없는지 A 프로젝트를 함께 하는 다른 제작자 혹은 협업 실무자에게 설명해야 한다. 프리랜서가 마감을 어겨서 다른 작업 시작일이 계획보다 늦어지게 되었지만, 그 다른 작업의 마감일은 지켜야만 클라이언트에게 약속한 날에 최종 결과물을 전달할 수 있다. 그래서 실무자는 다음 단계의 일을 책임질 사람에게 설득과 회유와 빌기를 반복한다. 일을 해 주기로 약속한 프리랜서가 잠적이라도 한다면? 대참사다. 시간은 늦어질 대로 늦어졌는데 대체할 인력을 찾아야 하고, 그에게는 평균 작업일보다 짧은 일수로 작업을 요청해야 하므로 작업료도 올라간다. 계획한 프로젝트 비용에도 차질이 발생하는 것. 일정도 예산도 모두 꼬이는 상황에서 실무자는 극도의 스트레스를 경험한다. 그리고 마음 속 '협업 가능한 프리랜서' 리스트에서 조용히 마감을 지키지 못한 이의 이름을 지운다. 이게 마감을 지키지 못했을 때 발생하는 도미노 효과다.

일하며 마감을 잘 지키지 못하는 프리랜서를 자주 만났다. 사실 마감에 늦는다고 해서 처음부터 그를 책망하진 않는다. 나도 프리랜서라 안다. 프로젝트가 몰리면 내가 예상한 대로 일정이 흘러가지 않아 마감을 지키지 못할 때가 있기 마련이다. 문제는 마감을 지키지 못하는 이가 아무 연락이 없을 때다. 그때부터 이런 생각을 하게 된다. '오늘이 마감인데 왜 연락이 없지······? 오늘 오후 6시가 아니라 밤 12시에 주시려나······? 아니, 혹시 마감일을 잊은 걸까? 연락하면 스트레스 받겠지? 일단 기다려 보자. 근데 기다려도 연락이 안 오네. 불안하다. 마감 늦으면 안 되는데······' 생각도 에너지라 이런 생각을 하며 서서히 에너지가 고갈되어 간다. 더 이상 기다릴 수 없을 때쯤 조심스레 메신저 창을 열어 묻는다. "저······ ○○님, 혹시 요청 드린 작업 다 되었을까요?" 그때 돌아오는 답변은 대체로 "아, 죄송해요. 생각보다 작업이 오래 걸려서 아직 하고 있어요. 제가 밤에 작업하고 내

일 오전에는 확인하실 수 있게 전달할게요!" 이 말을 듣고 나면 대략 이런 생각이 드는 것이다. '생각보다 작업이 오래 걸리면 오래 걸린다고 먼저 말해 줄 순 없나? 약속한 마감에 결과물이 오리라 예측하고 다음 작업을 하기 위해 시간 계획을 세워 두었는데, 이제 와서 안 됐다고 하면 어쩌자는 걸까?' 마감이 지나고서도 한참을 연락하지 않는 프리랜서가 있었다. 연락을 하면 오늘은 꼭 마치겠노라 말했지만, 그 오늘이 2주가 된 적도 있다. 그 사이에 우연히 길에서 마주쳤는데, 누가 보아도 쥐구멍을 찾는 표정으로 "작가님 미안해요. 제가 진짜 오늘은 끝낼게요"라고 말했다. 그도 나도 어색한 순간이었다.

마감을 지키지 못할 때도 당연히 있다. 사람은 AI가 아니니까. 일이 너무 몰렸거나, 다른 이슈가 발생했거나 예상보다 시간이 오래 걸리는 작업이었거나. 내 잘못이 아닐 때도 있다. 클라이언트가 자료를 너무 늦게 주었거나 협업하는 프리랜서가 마감을 어겨 연쇄적으로 일이 밀린다거나. 그럴 땐 꼭 솔직하게 함께 일하는 사람에게 공유해야 한다. 요는 상대가 내 작업이 언제쯤 끝날 것인지 예측할 수 있어야 한다는 것이다. 그게 협업하는 사람이 가져야 할 예의이며 태도다. 프리랜서의 외주 작업에는 생각보다 많은 사람들이 참여한다. '프리랜서는 혼자 일한다'고들 하지만, 그 일 자체는 보이지 않는 수많은 협업 프로세스의 일부로 자리한다. 그 일이 언제 끝날지 예측이 되도록 해 주어야 한다. 마감을 지키는 것은 당연히 중요하다. 그보다 더 중요한 것은 상대와 나의 시계를 비슷하게 맞추는 작업이다. 즉 정리하면 이렇다.

첫째, 마감은 되도록 지킬 것.
둘째, 마감을 지키지 못하는 상황이 오면 협업하는 사람과 시계를 맞출 수 있는 솔직한 커뮤니케이션을 할 것.

이 두 가지를 지키는 프리랜서라면 누구든 같이 일하고 싶을 것이다. 클라이언트는, 아니 사람은 나에게 스트레스를 줄이는 방향으로 선택지를 고르게 되어 있으므로.

살아가기: 지속 가능한 노동을 위한 전략

7
{ 프리랜서에게도 비수기와 성수기가 있다? }

어릴 적 들었던 옛날 우화가 생각난다.

두 아들을 둔 엄마는 하루도 근심이 끊이는 날이 없었다. 첫째 아들은 짚신을 팔고, 둘째 아들은 우산을 판다. 날이 맑으면 우산이 팔리지 않아 둘째 아들이 걱정이고, 비가 오면 짚신이 팔리지 않아 첫째 아들이 걱정이다. 결론이 뭐였더라. 아, 날이 좋으면 짚신이 잘 팔리니 첫째 아들이 좋고 비가 오면 우산이 잘 팔리니 둘째 아들이 좋겠구나! 이런 생각의 전환을 통해 걱정을 잠재웠다고 했던가.

프리랜서도 그랬으면 좋겠다. 비수기면 이참에 쉬어 가면 되겠군! 성수기에는 일이 많으니 돈을 많이 벌

겠군! 뭐 이렇게 대충 긍정적인 생각으로 걱정을 갈음하면 좋으련만, 이 복잡한 세상에 세상보다 복잡한 인간의 마음이란 내가 아무리 애써도 긍정적인 방향으로만 가지 않는다.

기업이나 기관 등 사업을 하는 주체로부터 일을 받는 프리랜서에게 비수기와 성수기가 있을 거라고는, 일을 어느 정도 해 보기 전까진 상상도 하지 못했다. 그러나 프리랜서 n년차, 이제는 안다. 분명히 성수기와 비수기가 있음을. 프리랜서의 분야와 직업이 너무도 다양해서 모든 프리랜서가 똑같은 비수기와 똑같은 성수기를 경험한다고 말하기는 어렵다. 그러나 시기는 다를지라도 일종의 비수기와 성수기가 있다.

나처럼 주로 기업이나 공공기관에서 일을 받는 프리랜서에게 비수기는 보통 1월부터 4월까지다. 새해가 되면 일을 줄 주체인 기업과 기관에서 올해 사업을 구상한다. 사업 구상 단계에서는 프리랜서가 딱히 필요하지 않다. 프리랜서가 필요한 시점은 사업을 실행할 때이므로, 사업이 본격적으로 시작되는 시점부터 서서히 일이 들어온다. 빠르면 벚꽃이 질 때쯤, 늦으면 초여름의 초록이 거리를 뒤덮을 때쯤. 아주 늦으면 공활한 가을하늘이 청량하게 펼쳐질 때쯤. 팝콘처럼 벚꽃이 하나 둘 피어날 때쯤 '곧 중간고사로구나……'라고 생각했던 대학생은 벚꽃이 만개하여 전국이 벚꽃놀이로 축제 분위기가 무르익을 때쯤 '슬슬 일이 들어오겠구나……'라고 생각하는 프리랜서가 되었다.

일은 점층적으로 들어온다. 봄에 하나, 여름에 하나, 가을에 하나, 늦가을에 급한 일 또 하나. 그리하여 11월, 12월이 되면 나 좀 살려 달라는 내적 비명을 지르며 일하게 된다. '왜 그때 그 일을 거절하지 않았나.' 과거의 나를 욕하고 또 욕하며. 하반기에 일이 몰리는 이유는 대체로 사업 기획이 길어져 실제 실행을 시작하는 시점이 늦어지기 때문이다. 이렇게 하반기로 넘어온 일은 급하다. 기획이 길어지다 보니 실행 기간이 짧다. 원래라면 7월에는 시작했어야 할 사업이 8월, 늦으면 9월에 시작하는데 종료 시점은 하나같이 12월이니 급할 수밖에. 그래도 한다. 돈이 되니까.

10월부터 12월은 거의 반쯤 정신을 놓은 채로 하루하루 마감에 치여 산다. 그렇게 3개월을 살고 나면 1월에는 아무 일 안 해도 될 것 같은 정당성이 부여된다. 3개월간 그렇게 쉴 없이 일했으니 한 달 정도 푹 쉬어도 괜찮다고 스스로 다독인다. 1월을 보내는 방식은 다양하다. 나는 대체로 그냥 쉰다. 책을 읽고 영화를 보고 평소 관심 있던 작가의 전시나 북토크를 찾아 간다.

국민 대명절 설날이 지나면 비로소 새해를 맞이한 기분이 들고 올해 먹거리를 준비해야 할 것 같은 위기감이 몰려온다. 그래서 일을 찾아보려 하지만, 앞에서 말했듯 벚꽃이 필 때까지는 기다려야 한다. 어차피 2~3월에는 작은 단 건 단 건의 일 외에 큰 프로젝트는 잘 들어오지 않는다. 3월쯤 되면 불안해진다. '올해 망하는 거 아냐?' 그래서 2~3월에 내가 하는 일이 뭐냐면⋯⋯ 아르바이트 구직 사이트에 들어간다. 스타벅스나 맥도날드 같이 4대 보험 해 주는 아르바이트 자리가 없나 기웃거린다. 수없이 고민한다. '정말 아르바이트를 시작해? 아르바이트와 외주를 병행하려면 너무 긴 시간 하면 안 되겠지? 일주일에 ○시간만 하자. 아니 일주일에 ○시간 아르바이트하면 한 달에 받는 돈이 이것뿐이야? 차라리 큰 프로젝트를 더 따는 게 낫지 않나?' 뭐 이런 고민을 하다 보면 한 달이 간다. 정말로 아르바이트 지원서를 써야겠다고 생각할 때쯤 아슬아슬하게 구원자처럼 일이 등장한다. 나를 구하러 온 나의 외주. 그렇게 다시 점충적으로 일이 쌓이는 한 해가 시작된다.

연차가 쌓이고 직급이 오르고 월급이 오르는 직장인과 다르게 프리랜서는 매년 새롭게 일터를 일궈야 한다. 그래서 계속되는 비수기는 통장의 위기이자 일하는 사람이라는 정체성의 위기로 이어진다. 그리하여 비수기에 프리랜서의 고민은 계속될 수밖에 없다. 성수기의 고민은 또 다른 문제다. 아주 쉽게 과노동에 빠진다. 『낢이 사는 이야기』 웹툰에 이런 에피소드가 나온다. 만원 지하철에 사람이 가득 차 더 이상 탈 수 없을 것 같지만, 꾸역꾸역 밀고 들어가면 어떻게든 공간이 나온다는 이야기. 사람의 위도 마찬가지다. 배가 터질 듯 부르지만 달콤한 케이크를 눈앞에 보여 주면 위에서 음식물이 꿀렁꿀렁 움직이며 다른 맛있는 음식이 들어올 공간을 만든다는 어떤 실험 결과가 있었지. 성수기에 프리랜서의 일은 이렇게 만원 지하철, 음식물로 가득한 위 같은 상태가 된다. 이 이상은 어떤 일도 더 할 수 없을 것 같지만, 일이 들어오면 어떻게든 꾸역꾸역 나를 갈아 넣어 가며 일을 한다. 그렇게 할 수밖에 없는 이유는 비수기가 찾아오기 때문이다. 어차피 비수기에 돈을 못 버니 물 들어올 때 노를 저어야 한다. 벌 수 있을 때 확 벌어야 비수기 때 '그때 그 일을 했어야 하는데……' 하며 아쉬워하지 않을 수 있다. 그래서 과노동을 하다 보면 번아웃이 오기도 한다. 2019년의 내 얘기다. 일이 너무 많아서 말 그대로 컴퓨터 앞에서 울면서 일했다.

올해 처음으로 비수기를 마음 편히 보냈다. (완전히 편했다고 말할 순 없지만, 비교적 마음 편히 보냈다.) 그럴 수 있었던 건, 경험 데이터와 내 일에 대한 확신이 있었기 때문이다. 경험 데이터란, 비수기는 내가 능력이 없어서가 아니라 앞서 언급했듯 일의 생리가 그러하여 만들어지는 잉여 시간이라는 경험적 이해다. 내 일에 대한 확신이란, 어쨌든 계속해서 포트폴리오를 쌓고 있으므로 먼저 일이 들어오지 않아도 어딘가에 나를 어필해 일을 구할 수 있다는 경험으로 축적된 자기 확신이다.

사실 경제 활동을 하는 한 비수기와 성수기 고민은 그치지 않을 것이다. 그럼에도 꾸준히 내가 나를 지킬 수 있는 논리를 만들지 않으면 비수기와 성수기를 오가며 공허함과 번아웃으로 수명이 짧아질 것이 확실하다. '단짠 단짠'도 적당히 해야지 극단적 단맛과 극단적 짠맛을 번갈아 먹으면 내장이 남아나지 않는 것처럼, 내 정신도 공허함과 번아웃으로 점철된다면 50대는커녕 40대에 강제 은퇴당할지도 모른다.

지속 가능하게 일하기 위해 비수기와 성수기에 나를 지킬 논리. 그 논리를 꼭 만들면 좋겠다. 비가 오면 우산이 잘 팔리겠군. 해가 뜨면 짚신이 잘 팔리겠군. 마음으로 되뇌며.

8

주식도 분산투자 하는데 커리어라고 왜 안 돼?

하나의 일, 하나의 직업으로만 먹고 사는 프리랜서는 몇이나 될까? 정규직에 비해 계약의 종료가 쉬운, 자유로운 계약 형태로 노동하는 프리랜서는 고정된 일감을 얻기 어렵다. 2018년 서울시에서 발표한 프리랜서 노동 실태 보고서에 따르면, 조사에 참여한 프리랜서 중 절반 이상인 54.6퍼센트가 정기적이고 지속되는 일감이 없다고 답했다. 코로나19가 확산되며 여행 및 관광, 행사 업계부터 문화예술 분야 및 강연·강의를 업으로 삼은 이까지 다양한 분야의 프리랜서들이 하루아침에 일자리를 잃고 생활고를 겪고 있다. 국가적 재난 상황이 아니어도 프리랜서는 지속적으로 생계의 위협을 느낀다.

프리랜서가 받는 일은 3개월 이내 단기 프로젝트가 많다. 사실 3개월도 긴 편이다. 콘텐츠 제작이나 창작 계통 프리랜서는 그림 한 건, 원고 한 건 등 1회성 일이 대부분이다. 운이 좋게 장기 계약을 하는 경우에도 1년을 넘기기 어렵다. 대부분 6개월이 최대다.

프리랜서는 하나의 일로 수익을 지속해서 내기 어렵기 때문에 일을 여러 개 돌려 가며 생계를 유지할 만한 수준의 월급을 스스로 만들어 낸다. 형태는 다양하다. 하나의 직업으로 여러 프로젝트를 돌리거나 아예 여러 직업을 병행하기도 한다.

나는 콘텐츠 마케팅 실무와 온라인 채널 마케팅 컨설팅, 에디팅, 문화 기획, 강의 등 다양한 일로 먹고 산다. 하나의 영역에서 파생된 새로운 형태의 일도 있다. 콘텐츠 마케팅과 문화 기획 경험이 만나, 창작자의 프로젝트를 크라우드 펀딩으로 실현하도록 도와주는 크라우드 펀딩 컨설팅 일도 있다. 이러니 한 마디로 내 일을 정의하기 어렵다.

누군가 만나면 관등 성명을 대듯 어떤 회사에서 무슨 일을 하는지 공유한다. 회사의 이름과 분야, 하는 일의 종류, 즉 내 명함 옆에 적힌 부서와 직급 혹은 직책으로 정체성을 부여한다. 그렇다 보니 명확하게 한 단어로 정의할 수 없는, 다양한 일을 하는 사람은 때로 정체성에 혼란이 온다. 나는 에디터인가 기획자인가 마케터인가? 몇 개의 직업 정체성을 갖고 살다 보니 그 어떤 분야에서도 전문가라고 부르기 어려운 상태가 되기도 한다. 자칫하면 직업 자존감이 낮아지고 늘 대체 가능한 인력으로 사는 것 같아 불안감이 치솟는다. (사실 누구나 대체 가능하다. 대통령도 대체 가능한데 나라고 뭐 다를까.)

팟캐스트 '큰일은 여자가 해야지'를 같이 진행하는 박초롱 작가는 매거진 『프리낫프리』에 「직업이 뭐냐는 질문에 대한 고리타분함」이라는 제목의 칼럼으로 (단어의 본 의미와 다르게) 다양한 직업 정체성을 소개했다. 그는 글에서 좋아하는 일, 생계를 위한 일, 그냥 하고 싶은 수많은 일을 하는 프리랜서에게 하나의 정체성을 부여하는 것은 구시대적이라고 말했다. 한 사람의 삶이 다면적인 만큼 직업 또한 다양할 것이다. 하나의 직업 범주에 포함된다 하더라도 일의 종류는 역시 너무도 다양하고 가변적이다. 누구든 하나의 업이나 일로 직업 정체성을 규정하기 어렵다.

직업이 매일 생기고 사라진다. 처음 일을 시작할 때는 내 직업을 명확하게 정의할 단어가 없었다. 온라인 매체 중심으로 콘텐츠를 만들어 기업이나 브랜드를 홍보하는 직군은 언론 홍보와 오프라인 프로모션 중심의 전통적인 홍보업, 시장의 변화를 읽고 회사와 브랜드의 파이를 확장하기 위한 포괄적 활동을 하는 마케팅업과도 다른 종류의 일이었다. 내가 하는 일은 2010년대 초반 온라인 매체가 홍보와 마케팅에서 중요한 채널로 떠오르자 새롭게 파생된 일이다. 어딘가에선 온라인 마케터로 불렸고, 어딘가에서는 디지털PR인으로 불렸다. 일을 시작하고 몇 년이 지나 '콘텐츠 마케터'라는 언어가 생겼을 때 비로소 나는 '콘텐츠 마케터'라고 내 업을 설명할 수 있었다.

일러스트레이터 이다님을 게스트로 섭외해 팟캐스트 『큰일은 여자가 해야지』를 녹음했다. 20년 가까이 일러스트레이터로 일한 그에게 2000년대와 2010년대 그리고 지금의 일러스트레이터 시장은 어떻게 변했는지 물었다. "2000년대 중반까지도 일러스트레이터의 주 클라이언트는 잡지사였어요. 지금은 다 폐간됐죠. 잡지로만 먹고 살 수 없어요." 한 가지 직업에만 종사한 사람도 시대의 흐름에 따라 잡지사에서 출판사, 온라인 매체로 콘텐츠가 팔릴 자리를 찾고, 그에 맞게 기술을 다듬는다.

하나의 일, 하나의 업으로 먹고 살 수 있다는 것은 이제 신화에 가깝다. 매일 사양 산업과 직업이 생기는 마당에 어떤 위험이 도사리고 있을지도 모르는데 하나의 직업, 하나의 일에 인생을 바치는 것은 마치 전 재산을 주식 한 종목에 몽땅 투자하는 것과 마찬가지다. 내가 일하는 분야와 일이 성장주일지, 가치주일지 상장폐지 직전의 주식일지도 모르는 상황에서 성공도 망하는 것도 한 방에 결정 나도록 내 인생을 투자하면 안 된다는 말이다.

특히 단기 계약 중심으로 일하는 프리랜서는 더더욱 여러 일을 병행하지 않으면 생존하기 어렵다. 지난해 프리랜서 모임을 하며 만난 많은 이들은 대체로 몇 개의 일을 병행하고 있었다. 여러 분야를 넘나드는 경우도 많았다. 한 음악가는 낮에는 외식 브랜드에서 요리를 하고 밤에는 음악을 만든다. 한 일러스트레이터는 오전에는 사무직으로 일하고 오후에는 일러스트레이터로 그림을 그린다. 『저 청소 일 하는데요?』를 쓴 김예지 작가도 청소 일과 창작 일을 병행한다. 그림을 그리는 프리랜서 동료 A는 개인 작업과 전시 기획을 하며 방과후 교사로 일한다. 또 다른 프리랜서 동료 B는 카페를 운영하며 그래픽 디자이너로 일하고 웹툰을 그린다.

일을 병행하는 이유가 단지 더 많은 돈을 안정적으로 벌기 위해서만은 아니다. 때로 하고 싶은 일을 계속할 경제력과 동력을 얻기 위해 생계를 위한 일을 병행한다. 창작 직군은 그런 경우가 대부분이다. 작가 서밤(서늘한여름밤)은 『큰일은 여자가 해야지』에 나와 이런 명언을 남겼다. "내가 나의 메디치 가문이에요. 서밤이 하고 싶은 것 다해." 그는 돈을 벌어다 주는 사업을 기반으로 꾸준히 창작하는 여건을 조성하고, 창작 일을 통해 사업에서 오는 건조한 마음에 생기를 더한다고 말한다. 『프리낫프리』 창간호에서 인터뷰한 김민섭 작가도 삶과 노동과 글쓰기 세 가지의 합치를 바탕으로 꾸준히 일하며 창작할 동력을 얻는다고 말했다. 그는 대리기사와 작가로 일하며 책을 냈다. 지금은 기획과 글쓰기를 병행하고 있다.

이렇게 일하다 보면 필연적으로 직업 정체성에 혼란이 온다. 앞에서 말한 것처럼 '프리랜서'라는 업의 형태 외에 그 어떤 것도 하나의 답으로 떨어지지 않는 상태가 온다. 그럴 때 프리랜서가 취해야 할 태도는 현대 사회에서는 당연히 그렇다는 점을 받아들이는 것이다. 직장인도 회사를 다니다 보면 이직을 하며 혹은 회사 내에서 자의든 타의든 팀을 이동하며 새로운 분야의 일을 하게 된다. 늘 직장인으로 머무르는 것도 아니다. 회사에서 개발자로 일하다 어느 날 퇴사를 해 바리스타가 될 수도 있다. 나와 같은 회사에서 같은 일을 했던 사람들은 이제 모두 다른 곳에서 다른 일을 한다. 어떤 이는 브랜드 홍보 일을 하고 어떤 이는 데이터를 바탕으로 광고 전략을 수립하는 일을 한다. 홍보·마케팅 분야에서 파생된 수많은 갈래를 선택하거나 옮겨 다니며 계속 변화하는 시대에 대응한다.

생계를 위한 일, 자아실현을 위한 일을 병행하며 생계를 위한 일을 할 때도 계속해서 변화하는 사회에 적응할 수 있는 태도를 갖추는 것. 그게 프리랜서로 계속 일하는 기본일 수도 있겠다. 그러면서 계속 질문하는 거지.

주식도 분산투자 하는데, 커리어는 왜 안 돼?

9
{ 내가 만드는 내 소속, 프리랜서의 브랜드 }

어느 가을날, 북향이라 빛이 잘 들지 않는 어둑하고 눅눅한 거실에 누워 천장 벽지를 바라보고 있었다. 화사하고 고급스러웠을 실크 벽지는 10년이 가까운 세월 이 집을 거쳐 간 세입자들이 내뱉은 입김으로 누렇게 바래 있었다. 프리랜서 n년차, 나는 누렇게 바랜 벽지가 된 것 같았다. '주체적인 노동! 시간과 공간, 계약에서 자유로운 프리랜서의 삶!!'을 외쳤지만, 어느새 퇴색해 버린 나의 주체성이여⋯⋯ 그때 나는 그저 급할 때 손쉽게 일을 맡길 수 있는, 급한 일이 끝나고 나면 언제든 교체할 수 있는 소모품처럼 일했다. 일을 시작할 때도, 일을 끝낼 때도 내 의지가 없었다. 일방적 계약 종료, 급하게

'땜빵' 식으로 부르는 일용직 노동에 진절머리가 났다. 그 무렵 나는 '프리랜서로 일하고 있습니다'라는 말보다 '일용직 노동자입니다'라는 자조 섞인 말에 더 익숙했다. 이대로 일하다가는 정말로 부품이 되어 버릴지도 몰라. 누렇게 색이 바랜 저 벽지처럼 존재감을 잃은 채 낡아 갈 수 없어.

나에게는 존재감이 필요했다. 그동안 내가 한 일에 이름이 새겨지는 경우는 드물었다. 브랜드를 홍보하는 일, 마케팅 채널을 운영하는 일은 대체로 콘텐츠 제작자의 이름이 지워진 채 브랜드의 이름을 전하는 소명을 다하고 곧 잊힌다. 내 이름을 새길 어떤 콘텐츠가 절실했다. 내가 나에게 만들어 주는 소속감 같은 것.

물성이 있는 작업만큼 강한 소속감을 주는 작업은 없다. 웹 기반의 콘텐츠 제작자이자 콘텐츠 마케터로 일했기 때문에 디지털 세상에만 존재하는, 그리하여 일부러 찾아보지 않으면 존재감을 확인하기 어려운 콘텐츠 작업에 회의감을 느끼고 있었다. 그런데 책이라면 어떨까? 책장에 꽂혀 있으면, 의식하지 않아도 한번쯤 존재감을 느끼게 되는 물성이 있는 작업물. 그렇게 독립출판 워크숍에 등록했다. 워크숍에서 내가 만들 독립출판물의 기획 방향과 타이틀, 구성안을 간단하게 정리하는 숙제를 받았다. 지속 가능하게 내가 할 수 있는 이야기는 무엇일까? 프리랜서, 프리랜서였다. 내가 일하고 사는 이야기. 그러니까 프리랜서로 일하는 내가 가졌던 질문에 답할 수 있는 콘텐츠. 나는 프리랜서 매거진 기획 초안을 정리했다. 그렇게 나의 브랜드『프리낫프리』가 시작됐다.

물성이 있는 책 다음으로 문화 기획에 도전했다. 문화를 매개로 사람들이 모여 떠들썩하게 이야기 나누는 자리. 그 자리를 만들어 보고 싶었다. 누런 벽지를 바라보며 사라진 존재감을 어떻게 만들어 낼 수 있나 고민하던 그때, 우연히 코워킹 스페이스에서 1인 출판사를 운영하며 문화 기획을 하는 M을 만났다. 좋아하는 콘텐츠의 결이 비슷했고, 서로 다른 장점과 서사를 가진 것에 흥미를 느껴 이후에도 몇 번 M과 만나는 자리를 가졌다. 몇 번의 만남 끝에 M은 2년 전부터 매년 해 오고 있는 문화예술 행사 기획에 참여해 달라 제안했다. 3회 행사의 주 무대는 제주였다. 나는 마침 제주에서 일한 경험이 있었고, 제주에서 문화예술 활동을 하는 지인 몇을 알았다. 그렇게 첫 문화예술 행사 기획을 했다. 이때 기획한 전시를 통해 친해진 안나 작가는 전시가 끝난 뒤 5년째 본인이 기획하고 있는 예술 행사를 소개해 주었다. 올해 그 행사 예산을 확보하기 위해 지원 사업에 지원서를 넣으려는데 상대적으로 문서 작업에 익숙한 나에게 도움을 청한 것이다. 지원서 작성이라는 행정 일로 시작했지만, 자연스럽게 순영 작가의 예술 행사 기획에도 참여하게 됐다. 이어 그 행사를 참관한 K의 제안으로 로컬 브랜드 문화 행사를 기획했다.

독립 출판과 문화 행사 기획을 통한 브랜드 실험은 브랜드 자체에서 수익을 내는 데에는 미치지 못했지만, 매거진과 문화 기획이라는 새로운 일의 기회를 여는 문이 되었다. 문화예술 행사를 연이어 하며 제주문화예술재단과 연결되었고, 문화예술 기획 경험과 홍보 마케팅 경험을 결합한 문화예술 창작자의 홍보 컨설팅 업무를 제안받았다. 그 외에도 크고 작은 콘텐츠 관련 일을 받았다. 내가 기획한 문화예술 행사 중 두 개를 제주 원도심 공간에서 개최했는데, 이를 계기로 문화를 통한 도시 재생 프로그램을 기획하던 담당자와 연결되어 기획 컨설턴트로 활동하기도 했다. 매거진 『프리낫프리』도 다양한 일로 기회의 문을 열어 주었다. 종종 프리랜서에 관한 글이 필요한 매체에서 원고 청탁이 들어오고 관련 강연에 섭외된다. 웹 기반 콘텐츠 기획자에서 매거진을 만드는 콘텐츠 기획자라는 키워드가 추가되며 매거진 에디터 일도 들어왔다. 때로 문화예술 행사 기획자이자 프리랜서 매거진을 만드는 편집장이라는 아이덴티티가 결합되어 문화예술 프리랜서를 위한 프로그램에 섭외되기도 한다.

내 브랜드를 만드는 일은 리베카 솔닛이 『멀고도 가까운』에서 말한 것처럼 브랜드를 통해 "사람들이 내 삶에 발을 들이고 나를 그들의 삶으로 이끄는 예상치 못했던 표"가 생기는 일이다. 브랜드가 성공하든 아니든, 큰돈을 벌어다 주든 아니든 중요치 않다. 어쨌든 브랜드란 새로운 커리어 세상으로 나를 연결해 주는 예상치 못했던 표가 된다.

무엇보다 진하게 내 이름이 새겨진 내 브랜드는 어떤 상황에서도 프리랜서로서 나를 계속 존재하도록 만들어 준다. 내일 계약 종료가 되더라도 나는 내 브랜드가 있어 프리랜서로서의 커리어는 절대 종료되지 않는다. 외부의 필요에 의해 창작하는 사람으로, 프리랜서로 규정되는 것이 아닌 내가 스스로 정의하는 프리랜서라는 정체성, 그 든든함으로, 희미해진 내 존재가 다시 진해진다.

어떤 키워드가 나를 먹여 살려 줄까?

"대체하기 어려운 프리랜서는 키워드가 확실히 있는 것 같아요." 팟캐스트 『큰일은 여자가 해야지』에서 나눈 셀프 브랜딩에 대한 이야기는 결국 키워드가 필요하다는 말로 귀결됐다. 과연 그랬다. 영화와 책을 깊게 읽어 내는 이동진 영화평론가, 여성 서사를 덤덤하게 이끌어 내며 사회에 큰 울림을 전하는 수신지 웹툰 작가, 여행과 미식과 매력적인 라이프스타일을 맛깔나게 전하는 신예희 작가. 확고한 자기 세계를 구축한 프리랜서는 확실한 키워드가 있다. 확실한 키워드를 가진 프리랜서는 계속 기억된다. 프리랜서가 기억된다는 건 그 일터가 견고하게 다져지고 넓어진다는 것을 의미한다. 나는 어떤 키워드를 가지고 있을까? 문득 궁금해졌다.

2014년부터 2020년까지 참여한 프로젝트를 리스트로 쭉 적어 내려갔다. 기업 콘텐츠 마케팅, 사업계획서 작성, 전시 기획과 매거진 제작까지 참 다양한 일을 많이도 했다. 단순히 프로젝트를 시간 순으로 나열하니 정신없는 머릿속처럼 포트폴리오도 중구난방이다. 프로젝트별로 키워드를 뽑아 봤다. 프리랜서 3년 차까지는 콘텐츠 마케팅, 웹, 브랜드, 세 키워드가 자주 등장한다. 문화예술 행사를 기획하고 매거진 『프리낫프리』를 발행한 2018년 이후부터 문화 기획, 프리랜서, 매거진이라는 키워드가 추가된다. 일과 여성, 프리랜서의 이야기를 다루는 팟캐스트 『큰일은 여자가 해야지』를 시작한 뒤에는 일과 여성이라는 키워드가 더해진다. 매거진 키워드를 더 구체적으로 파고 들어가면 로컬, 아카이브라는 키워드가 등장한다. 제주에서 콘텐츠 에디터로 일하며 로컬 문화예술 크리에이터의 성장을 돕거나 관련 활동을 아카이브 하는 작업을 많이 해서다. 정리하자면 내 키워드는 '콘텐츠 마케팅' '웹' '브랜드'에서 '프리랜서' '일' '여성' '문화예술' '로컬' '아카이브'로 확장됐다.

키워드를 살펴보며 고민을 시작한다. 나는 어떤 '키워드'를 가져가고 싶은가. 지금 가진 키워드를 결합해 볼까? 프리랜서와 문화예술, 아카이브라는 키워드를 교차시켜 문화예술인 프리랜서의 서사를 담아 내는 작업을 해 볼 수 있고, 여기에 노동이라는 키워드를 더해 문제의식을 발현하는 단계까지 파고들 수도 있다. 에디터라는 직업 키워드에 로컬과 문화라는 키워드를 더해 로컬 문화 프로젝트를 소개하는 전문 에디터가 될 수도 있을 것이다. 몇 년 전부터 대학원 석사 과정을 살펴보는 중이다. 산업사회학, 노동사회학 공부를 하고 프리랜서와 산업, 노동 키워드를 접목해 사회학적으로 풀어내는 연구자이자 작가로 성장하면 어떨지 상상해 본다. 또 다른 방향으로는 노무사 시험을 준비해 프리랜서를 노동자로 포섭하고 건강한 자유 노동 생태계를 만드는 데 일조하는 노무사 겸 에디터 겸 작가가 되어 볼 수도 있겠다는 허무맹랑한 미래도 꿈꿔 본다. (솔직히 말하면 나는 엉덩이 붙이고 하는 공부에는 재능이 없다.)

어느 때는 완전히 새로운 키워드를 상상해 본다. 내 삶에서 어떤 서사를 끌어 내 키워드로 다듬을 수 있을까? 공대 출신 에디터, 30대 당뇨 환자, 예민한 멘탈 소유자, K-pop 고인물, 드라마 덕후, 경제적 자유를 희망하는 초보 주식 투자자, 인테리어 덕후, 취미 캠퍼, 명절 파업한 며느리, 무자녀 기혼 여성 페미니스트, 말과 글로 세상에 이야기를 전해야만 숨이 쉬어지는 발화자.

　글쎄, 어떤 키워드가 앞으로의 나를 먹여 살려 줄지는 모르겠다. 분명한 것은 키워드를 덧붙이며 일할 수 있는 파이를 넓히고, 키워드를 파고들어 가며 그 영역에서 확실하게 발견되는 프리랜서가 되고 싶다. 독립적이며 자유롭고 주체적으로 일하겠다는 결심. 어쩌면 그런 삶에 조금 더 가깝게 갈 수 있게 만들어 주는 것이 내가 가진 키워드일지도 모르니까.

11

{ 쉼 없이 일하는 프리랜서에겐
산뜻한 시간이 필요해 }

햇살 좋은 주말 아침. 느지막이 눈을 뜬다. 바스락거리
는 이불의 감촉, 내 품으로 파고드는 고양이의 따뜻하고
보드라운 촉감. 완벽한 주말 아침이다. 완벽하다. 완벽
한데…… 내 머릿속은 이 완벽한 순간을 있는 그대로 누
리지 못하고 결국 불온한 생각을 하고야 만다. 누워 있
어도 되나? 일이나 할까?

　프리랜서는 바쁘다. 이 단순명료한 명제를 왜 굳이
꺼내는가. 왜냐하면 프리랜서는 정말 바쁘니까. 두 번
말해도 부족함 없이 정말 바쁘다. 왜 바쁘냐? 프리랜서
의 일이 어떻게 구성되는지 살펴보면 왜 바쁜지 알 수
있다. 프리랜서의 일은 돈 버는 일, 돈을 벌어다 줄지도

모르는 일, 돈 벌 궁리하는 일, 돈을 벌고 나면 꼭 해야 하는 일로 구성된다. 돈 버는 일은 외주 용역이 대표적이다. 지금 내가 투입한 시간만큼 돈을 번다. 돈을 벌어다 줄지도 모르는 일은 개인 프로젝트다. 대체로 셀프 브랜딩으로 연결된다. 돈 벌 궁리하는 일은 나를 홍보하고 일을 줄 만한 사람들을 만나고 영업하는 일이다. 돈을 벌고 나면 꼭 해야 하는 일은 행정 일이다.

돈을 벌어다 줄지도 모르는 일	셀프 브랜딩	매거진 『프리낫프리』 제작, 프리랜서 커뮤니티 활동, 팟캐스트
		『큰일은 여자가 해야지』 제작, 강연과 글쓰기 등
돈 벌 궁리 하는 일	홍보와 영업	포트폴리오 다듬기, 네트워킹 모임 가기, 개인 및 브랜드 SNS 운영하기, 제안 들어온 일 견적서 쓰기 등
돈을 벌고 나면 꼭 해야 하는 일	관리 업무	세금계산서 발행, 분기 별 수익 내역 정리, 부가세 및 종합소득세 신고와 납부, 해촉증명서 발급 요청 등

이런 일을 혼자 하려니 늘 일이 밀려 있고, 일이 밀려 있으니 잠시의 휴식도 봐 줄 수 없는 상태가 되곤 한

다. 혼자서 이 모든 걸 해내야 하는 내가 주말 아침이라고 이렇게 빈둥거려도 될까? 누워 있어도 되나? 가끔 불안 증세가 나타난다. 눈앞에 옮길 태산이 까마득하게 솟아 있는데, '내가 저 태산을 다 옮길 수 있나' 하고 심장이 쿵쾅거린다. 쿵쾅거리는 심장을 부여잡고 잠에 들면 꿈에서 일을 한다. 아이디어 회의를 하고 기획 회의를 한다. 잠에서 깨면 이상하게 잠을 잤지만 피곤하다. 당연하지, 꿈에서 일했으니까. 불안이 극에 달했을 때는 일을 끌어와서 했다. 일을 미루는 건 봤어도 끌어오는 건 못 봤다고요? 아니 그런 사람들이 있어요. 일이 너무 많이 몰려서 이걸 해낼 수 있을지 불안할 때 그 불안을 해소하는 방법이 바로 일해서 일을 줄이는 것이거든요.

일을 좀 줄여 볼까 생각해 보지만, 딱히 줄일 일이 없다. 돈 버는 일은 당연히 먹고 살려면 해야 하고, 돈을 벌어다 줄지도 모르는 일, 셀프 브랜딩은 지속 가능하게 프리랜서로 일하려면 해야만 하는 일이다. 돈 벌 궁리하는 일도 마찬가지다. 언제 일이 끊길지 모르니 계속 영업을 해야만 한다. 돈을 벌고 나면 꼭 해야 하는 일은 관리 업무라 하지 않으면 가산세가 붙든, 불성실 납세자가 되든 불이익으로 돌아오고야 만다. 대체 이중에서 무슨 일을 줄일 수 있을까.

몇 년 전, 번아웃이 세게 치고 지나갔다. 그때 많게는 7개나 되는 프로젝트를 동시에 돌렸다. 매일매일 오늘, 이번 주, 이번 달 안에 끝내야 하는 일의 종류와 개수를 가늠하며 눈을 뜨고, 오늘 다 마치지 못한 일에 찝찝함을 느끼며 잠에 들었다. 정해진 퇴근 시간은 없었다. 아침에 눈을 뜨자마자 일을 시작해 밤 늦게 스트레스와 피로로 위가 아릴 때까지 책상에 앉아 있었다. 더 버틸 수 없을 때까지 일하다 노트북을 끄고 기절하듯 잠에 들었다. 그러곤 아침에 일어나 다시 기계적으로 일을 시작했다. 주말인지 평일인지 구분할 수 없을 정도로 매일매일 해야 할 일이 산적해 있었다. "나 정말이지 일이 지긋지긋해." 정산 서류를 정리하며 눈물을 줄줄 흘렸다. 일이 정말 지긋지긋해졌다. 분노와 무기력을 지나 불안과 우울로 이어진 번아웃에서 회복되기까지 1년쯤 걸렸다.

쉼 없이 일하다 보면 여러 위험한 증상이 나타난다. 내 마음을 돌보지 못한다. 부정적인 감정이 자주 올라온다. '왜 이렇게 살아야 하는 걸까?' '나는 왜 이 모양인가?' '오오 내 팔자여, 나는 왜 쉬지 못하나!!' 스트레스를 해소하지 못하고 독소만 쌓이니 나를 공격하기 시작한다. 아주 사소한 자극에도 자주 화가 치밀어 오른다.

'화'라는 감정이 절대로 나에게 이득이 될 수 없음을 알지만 잘 다스려지지 않는다. 미래를 설계할 수 없다. 내가 잘 살고 있는지, 내가 목표한 것을 달성하기 위해 무엇을 해야 하는지, 이렇게 사는 게 내가 원했던 삶인지 진지하게 고민할 시간과 마음의 여유 없이 대책 없는 미래로 나를 이끌고 간다. 아파도 병원에 가지 못한다. 병원에 다녀오기 위해 써야 하는 서너 시간이 너무도 길게 느껴지기 때문이다. 그 시간이면 내가 지금 해야 하는 일의 상당량을 할 수 있을 것만 같다. 스트레스와 과로, 수면 부족으로 인한 소화불량, 속 쓰림 등의 증상이 느껴지는데, 병원에 가지 않으니 더 아프다. 악순환이다. 생활의 사소한 행위가 큰 부담으로 다가온다. 삼시 세끼를 잘 챙겨 먹는다든가, 설거지, 청소, 쓰레기 버리기 등 나라는 사람을 온전하게 잘 돌보기 위한 일이 버겁다. 세상에, 이 글을 쓰면서 생각났다. 가장 바빴던 시기에 나는 고양이가 놀아 달라고 칭얼거리는 것에도 귀찮음을 느꼈다.

눈물이 줄줄 흐르도록 숨 가쁜 시간을 지나, 무척 수동적이고도 비생산적으로 살았다. 읽고 싶던 책을 읽고, 보고 싶던 넷플릭스 드라마를 정주행 했다. 사람들과 목적 없이 만나고 이야기를 나누고 맛있는 것을 나누어 먹었다. 멍하니 고양이를 쓰다듬거나 창밖을 봤다. 노트북 없이 외출하는 일이 많아졌고, 카페에서 노트북이 아니라 책을 펼쳤다. 고갈된 생산 에너지를 차곡차곡 채웠다.

여유롭고 비생산적인 시간을 보내다 보니, 바쁘게 달렸던 내가 아득히 멀게 느껴졌다. 나를 돌볼 여유도 없이 매일 마감이 있는 삶을 나는 어떻게 견뎌 낸 것일까. 나를 끝까지 몰아붙이며 일을 하거나, 모든 에너지가 소진된 상태로 얕은 숨을 쉬며 살거나. 왜 이토록 극단적이어야 할까. 쉼과 일을 병행하며 일 에너지의 샘을 틈틈이 채워 넣어 균형 있게 살 수는 없을까?

내 하루의 시간을 다시 설계한다. 24시간이 모두 일할 수 있는 시간으로 존재하는 것이 아니라 많아도 10시간, 적으면 8시간 정도만 일하는 시간으로 제한하기. 어쩌면, 내게 주어진 하루의 모든 시간을 잠재적인 노동 시간으로 인지했기 때문에 그만큼의 일을 만들어 버렸는지도 모른다. 나에게 주어진 하루는 열 시간이라고, 하루 열 시간의 노동으로 감당할 수 없는 수준의 일은 만들지 않겠다고 다짐한다. 주말은 쉰다. 일주일의 긴장을 풀고 고단한 마음을 다독인다. 주말은 아무것도 하지 않아도, 비생산적으로 하루를 보내도 용서하기로 한다.

    캠핑을 시작했다. 비생산적 하루를 보내도 용서하기로 했지만, 생산성으로 가득한 인간이 하루아침에 무용한 하루를 보내기란 쉽지 않다. 번아웃 회복기에 심리 상담을 받았다. "산뜻한 시간을 가져 봐요." 아무리 노력해도 휴식이 어렵다는 내게 상담 선생님은 '산뜻한 시간'을 제안했다. 산뜻한 시간. 일 생각을 멈추고 산뜻해지는 시간. 집에서 쉬겠다고 가만히 누워 있으면 다시금 불안이 스멀스멀 올라온다. 하지만 캠핑을 하며 분주히 몸을 움직이면 일해야 한다는 강박과 불안감이 사그라든다. 하루 동안 머무를 집을 짓고, 먹을 음식을 짓는 원초적 행위를 통해 나는 단순해진다. 나에게 산뜻한 시간은 캠핑이었다.

    산뜻한 시간. 하루라도 일하지 않으면 불안한 프리랜서에게, 늘 일이 밀려 있어 마음이 바쁜 프리랜서에게 필요한 건 이 산뜻한 시간이었을지도 모른다. 다른 말로는 에너지를 채우는 시간. 산뜻한 시간으로 소진된 나를 돌보고 새로운 창작의 에너지를 채운다. 그게 나에게는 캠핑이었지만 다른 누군가는 목공일 수도 있고, 또 다른 누군가는 전시를 보는 일일 수도 있다.

    불안하거나 눈물이 흐를 만큼 일에 질리거나 어두

운 터널처럼 긴 우울을 경험했다면, 아니 경험하고 있다면 잠시 멈추면 좋겠다. 그래도 된다고 나를 다독이고, 새롭게 내 하루를 정비하고 산뜻한 시간을 만들어 나를 채우면 좋겠다. 하여 지치지 않고 계속 프리랜서로 나를 지키며 일할 수 있도록.

12
자유로운 시간의 방랑자에서
시간의 관리자가 되는 마법, 루틴

아침에 눈을 뜬다. 아니…… 12시 30분은 오후로구나. 중천에 뜬 햇빛을 온몸으로 받아들이자니 뭔가 부끄러워 커튼으로 창문을 가린다. 꿀잠의 유혹, 특히 추운 겨울 두터운 극세사 이불에 가득한 따뜻한 공기의 유혹을 떨치기란 얼마나 어려운가. 정해진 시간에 출근해야 한다면 오늘도 나를 먹이고 재울 돈을 벌기 위해 따뜻한 공기의 유혹을 떨쳐 내고 일어나 덜 뜬 눈으로 칫솔을 주섬주섬 집어 올렸을지도 모를 일이다. 그런데 당신이 시간의 자유를 가진 프리랜서라면 어떨까? 프리랜서가 가진 시간의 자유란 꽤 역설적이다. 자유롭기 때문에 시간이란 걸 내 스스로 주물러 댈 수 있을 거라고 생각했지만, 양말을 받은 집요정 도비처럼 자유로워진 시간은 도무지 내 말을 듣지 않고 자유롭게 흘러간다. 나는 시간의 자유를 가진 게 아니라 자유로운 시간에 놓인 방랑자가 된다. 그리하여 불규칙한 수면과 식생활로 불규칙한 하루하루를 보낸다. 안 된다. 프리랜서로 계속 일하기 위해서는 이렇게 방랑자로 시간을 유랑해서는 절대 안 된다.

　3년, 5년, 10년, 20년을 꾸준하게 프리랜서로 일한 사람들의 공통점은 자신만의 루틴이 있다는 것이다. 『프리낫프리』 창간호 인터뷰에서 신예희 작가는 아침 7시에 일어나 직장인과 똑같이 9시 출근, 6시 퇴근을 최대한 지키려고 노력한다고 말했다. 일이 바쁠 때는 작업 방에 스마트폰도 금지. 일과 시간에 몰입해 일하고 야근과 철야는 최대한 줄이는 것. 지속 가능한 프리랜싱을 위한 노하우를 묻는 질문에 가장 원초적이지만 지키기 어려운, 규칙적으로 자고 먹고 일하는 것의 중요함을 공유했다. 박상영 작가는 회사를 다니며 소설을 쓸 때, 새벽 3시에 일어나 출근 전 글쓰기를 루틴으로 삼았고, 무라카미 하루키는 『직업으로서의 소설가』에서 좋은 글이든 나쁜 글이든 잘 써지든 아니든 매일 원고지 20매 분량의 글을 쓴다고 말했다. 정세랑 작가는 매일 오전 소설 원고를 쓰고 오후엔 칼럼 같은 짧은 글을 쓰거나 전날 쓴 글을 고치는 루틴을 수년간 유지했다고 한다.

루틴. 루틴은 그러니까 프리랜서로 지속 가능하게 일하기 위해 꼭 가져야 하는 것. 자유로운 시간 속 방랑자가 아닌, 시간을 자유롭게 운용하는 시간 매니저로 재탄생시키는 마법이다. 김영민 작가의 칼럼을 빌려 말하자면, 루틴은 재난 상황에서도 "일상을 유지하고 물처럼 흐르는 시간 속에 사라질 내 삶의 시를 쓸 수 있"게 해 준다.●

프리랜서로 일하며 가장 오래 꾸준히 노력한 것이 루틴 만들기다. 불규칙한 하루는 물론 달콤하다. 그 달콤한 하루는 주말 이틀, 혹은 잠시간 휴가 정도면 충분하다. 달콤한 걸 계속 먹으면 입안이 텁텁해지듯 달콤한 하루가 계속되자 일상이 텁텁해졌다. 텁텁하게 시작한 하루는 끝도 텁텁하기 마련이다. 느즈막이 일어나 오늘도 아무 계획 없이 하루를 시작한 나를 자책하는 것부터 하루를 시작하니 일을 할 때도 영 무능력하게 느껴졌다. 나에게 필요한 건 산뜻한 하루의 시작, 일상을 받쳐 줄 매일의 루틴이었다.

루틴 만들기는 나에게 맞는 시간을 정하는 것부터

● 「김영민의 본다는 것은: 시간 속의 삶, 물 위의 낱말」, 『동아일보』, 2021.1.4.

시작된다. 나는 아침형 인간인가? 저녁형 인간인가? 뭐 이런 거대한 사회적 기준을 떠올려 봤다. 아침형 인간이라면 새벽에 일어나야 할 것 같은데 새벽 기상은 작심삼일이 될 것이 분명하므로, 그래, 편하게 저녁형 인간으로 가 보자! 마침 그때는 밤 시간에 일이 잘 됐다. 아무도 나에게 연락을 하지 않는 고요한 시간은 일에 집중하기 최적의 시간이다. 보통 계획 없이 푹 자면 아침 10시에서 11시 반에 일어나니까 새벽 2시까지 일하고 잠들면 일곱 시간에서 여덟 시간을 잘 수 있겠다. 그렇게 나는 저녁을 먹고 밤 9시부터 새벽 2시까지 일하기 시작했다. 그 루틴은 상당히 빨리 무너졌는데, 일단 저녁 약속이 있는 날엔 무조건 일하는 시간이 반토막 났다. 10시에서 11시에 눈 떠 빈둥대기 한 시간, 점심 고민 한 시간, 점심 먹고 일할 마음 잡기 한 시간을 보내면 본격적으로 일하기 시작하는 시간이 오후 2시 혹은 3시. 저녁 약속이 7시에 있는 날엔 일할 시간이 서너 시간밖에 나지 않는다. 미팅이 있는 날이면 하루의 시작을, 가장 또렷하고 집중이 잘되는 그 시간을 미팅에 소모하고 미팅이 끝나면 멍한 상태로 일해야 한다는 점도 단점이었다. 무엇보다 새벽 2시까지 일하면 4시에 잠들었다. 한참 일하며 깨워 둔 뇌를 차분한 상태로 끌어 내리는 데 두 시간은 필요했다. 야근으로 피곤한 몸을 이끌고 집에 오면 당장이라도 쓰러질 것 같지만, 한 시간은 넷플릭스나 유튜브를 보며 멍 때려야 하루를 마무리 할 수 있지 않은가. 아무튼 2시까지 일하니 4시에 잠들고, 4시에 잠드니 그나마 10시에 일어났던 기상 시간은 12시쯤으로 늦춰졌다. 아침 10시 기상, 새벽 2시 퇴근 루틴은 나에게 맞지 않는 게 분명했다. 아침에 클라이언트에게 전화가 오면 목소리에 가득 묻은 잠을 털어 내려 지나치게 쾌활하게 전화를 받아야 했던 굴욕적 순간들도 이 루틴은 나에게 맞지 않는다는 걸 확신하게 해 주었다.

결국 직장인 모드로 돌아갔다. 누구보다 사회적 동물이자 '생존형 인싸'인 나에게 소셜 활동은 필수 불가결하니, 그들의 사이클에 맞게 내 루틴도 정비하는 게 맞았다. 아침에 일하고 저녁에 쉬고 밤에는 잔다. 이 단순한, 산업사회의 응원하고 싶지 않은 잔재. 그러나 탈산업사회에서도 어쩔 수 없이 노동하는 인간에게 최적의 사이클로 그 명맥을 이어 오는 9 to 6의 삶. 여기에 나는 조금 더 힙한 노동자를 꿈꾸니까 한때 유행했던 스타트업 스타일로 10 to 7의 삶을 살겠다고 다짐했다. 그렇게 아침 10시에 일을 시작해 7시에 퇴근하는 삶의 루틴을 만들기로 했다.

이름하여 프리랜서계의 아침형 인간 되기 프로젝트. 8시에 일어난다. 아침을 먹는다. 설거지를 하고 샤워를 한다. 아침 10시 일을 시작한다. 이 몇 개의 문장으로 정리되는 아주 단순한 루틴을 실행하기까지는 아주 복잡한 과정이 필요했다. 단순한 진리를 말하기는 쉽다. 실행하기 어려워서 그렇지. 습관도, 루틴도 마찬가지였다. 이 단순한 루틴이 자리 잡기까지 2년이 걸렸다.

우선 8시에 일어나야 하는데, 일어나는 것부터 힘들었다. 아침에 눈을 뜨면 생각한다. '정말 지금 일어나야 할까? 오늘 해야 할 일이 뭐가 있더라. 그 일을 하려면 시간이 얼마나 걸리지? 점심 먹고 오후에 잠깐 이만큼만 일해도 오늘은 일단 망하지 않을 것 같은데…… 또 오늘 안 하면 망하는 일이 있나?' 꼬리에 꼬리를 무는 이런 생각을 하며 침대에 누워 있자면, '오늘 하지 않으면 망하는 일이 많지도 않은데, 오전 정도는 뒹굴거려도 괜찮지 않나? 이러려고 내가 프리랜서 하는 건데! 늦게 일어날 자유쯤이라도 있어야 프리랜서의 삶이 뿌듯한 것 아닌가!' 하는 신세한탄까지 이어진다. 결국 아침 일찍 일어나는 데 실패한다. 삐빅, 당신은 오늘도 루틴 만들기에 실패하셨습니다. 그때 알았다. 아, 그래, 생각을 하지 말자. 아침에 하는 생각이란 오늘 하루를 게으르게 만들 온갖 합리적인 포장지를 뒤집어 쓴 비합리적인 핑곗거리들뿐이다. 그래서 생각을 안 하기로 했다. 아침엔 그냥 생각 없이 일어난다. 눈을 뜨면 생각을 하는 게 아니라 몸을 일으킨다. 물을 마신다.

한 번에 될 리 없다. 처음 이 루틴을 만들 때 계속 실패하며 답답함을 느끼던 중, 나는 어떤 강제가 필요하다고 느꼈다. 처음 내가 강제한 장치는 1,200원짜리 아메리카노다. 제주에 살 때 집 근처 프랜차이즈 커피전문점은 오전 10시까지 아메리카노를 1,200원에 파는 상시 프로모션을 하고 있었다. 그래, 이거였다. 아침 10시까지 나는 그 커피전문점에 출근하기로 했다. 어차피 일하려면 카페에 가야 하는데, 커피 값도 아끼고 아침 10시까지 가야 한다는 외적 요인도 생기니 일석이조 아닌가. 그렇게 한참 동안 열시에 프랜차이즈 카페에 출근해 1,200원짜리 아메리카노를 마시며 하루를 시작했다.

규칙을 만들 때 돈 주고 하는 운동 프로그램에 등록하는 방법도 썼다. 운동은커녕 움직이는 것도 싫어하는 내가 유일하게 좋아하는 운동은 수영이다. 동네 수영장의 아침 수영을 등록했다. 아침 7시처럼 터무니없는 시간 말고, 프리랜서의 장점을 십분 활용해 내가 결석을 하지 않을 만한 적당한 시간인 9시. 월수금은 아침 9시까지 수영장으로 출근했다.

그 외에도 아침에 규칙적으로 일어나기 위해 한 처절한 시도들이 많았다. 수많은 시도 중 아침 기상시간이 자리 잡는 데 혁혁한 공을 세운 동인은 '음식'과 '돈'이었다. 아침으로 꼭 먹고 싶은 메뉴가 생겼다. 토스트와 제철 과일과 요거트 그리고 커피다. 이상하게 토스트와 과일과 요거트와 커피를 점심과 저녁 메뉴로 먹으면 속이 허했다. 그런데 아침에 먹으면 너무도 충만한 기분이 드는 것 아닌가! 나는 아침으로 토스트와 제철 과일과 요거트 그리고 갓 내린 커피를 마시기 위해 일찍 일어나기 시작했다. 2021년에는 기상 시간을 한 시간 앞당겼는데, 그 이유는 주식 방송이었다. 막 주식 투자를 시작해 열정이 가득했다. 매일 아침 오전 7시 30분부터 시작하는 유튜브 라이브 주식 방송을 보고 주식 천재가 되겠다는 거창한 포부로 그 시간에 일어나기 시작했다. 딱히 내 성향과 맞지 않아 한 달 정도 방송을 보고 그만두었지만, 방송을 보려고 7시 30분에 일어나던 기상 루틴만은 그대로였다.

아침 7시 30분에 일어나면 토스트와 과일과 요거트와 커피를 정성스레 차려 아침식사를 한다. 정성스럽게 천천히 준비하다 보면 잠들었던 뇌도 서서히 깨어난다. 아침을 먹고 나면 씻는다. 머리를 감아야 정신이 깨어나는 기분이 든다. 씻고 나면 머리를 말리며 설거지를 한다. 설거지통에 씻을 그릇이 담겨 있지 않아야 '저 놈의 설거지를 해야 하는데……'라는 찌글거리는 생각 없이 일할 수 있다. 고양이 밥과 물을 챙기고, 화장실을 치운다. 청소기로 바닥을 밀거나 빨래를 하는 등 간단한 집안일을 할 때도 있다. 어차피 앉자마자 일하지는 못할 테고, 일할 마음의 준비를 해야 하는데, 그 마음의 준비를 하는 데는 간단한 집안일이 효과적이다. 아침밥에서 가벼운 집안일로 이어지며 마음의 준비를 하는 그 시간은 프리랜서로 일하는 나만의 '미라클 모닝'이다.

집안일을 하고 책상에 앉으면 대략 오전 10시쯤. 집안일을 하며 마음의 준비를 했지만, 컴퓨터 화면이 켜지면 또 마음의 준비가 필요하다. '하…… 진짜 일을 해야 하는구나.' 뭐 이런 망설임이라고 해야 하나. 망설임을 멈추고 집중하기 위해 새로 시작한 의식이 있다. 바로 필사다. 지난 해 필사를 시작했다. 글은 써야 하는데 번아웃과 무기력으로 아무것도 하지 않는 날이 이어지자 이대로는 안 되겠다 싶어 필사를 시작했다. 좋은 글을 읽다 보면 무엇이든 써 보고 싶은 마음이 든다. 컴퓨터를 부팅하고 30분 정도 필사를 하며 집중력을 올린다.

　이렇게 일을 시작하기 전 아침 루틴까지는 잘 자리 잡았는데 또 다른 문제가 발생했다. 좋아하는 루틴까지만 마무리하고 본격적으로 일을 할라 치면 '정말 지금 일을 시작해야 할까? 오늘 안 하면 망하는 일이 많았던가……?'라는 생각이 들며 슬며시 소파로 자리를 옮기려는 나의 게으른 천성이 스멀스멀 기어 올라왔다. 잘 프로그래밍 된 AI처럼 눈을 뜨면 아침을 먹고 샤워를 하고 일을 시작해야 하는데 그게 잘 안 된다. 그래서 프리랜서 동료들과 생활 스터디를 시작했다. 월요일부터 금요일까지 매일 아침 10시가 되면 노트북을 켜 줌에 접속한다. '온라인 작업실'이라는 이름의 줌 회의실에는 매일 5명의 프리랜서가 빠짐없이 출근해 오전 10시부터 1시까지 40분 일하고 20분 쉬는 루틴을 함께한다. 줌 회의실에 접속해 서로 느슨하게 감시하며 일하지만, 그래도 일이 안 될 때가 있다. 이렇게 쓰다 보니 정말 놀고 싶은 인간의 욕구란 얼마나 강력한가 싶다. 그 욕구를 잠재우고 전두엽에 힘을 주기 위해 일하는 장소를 바꿔 본다. 거실 테이블에서 작업 책상이 있는 방으로, 때로는 집 앞 프랜차이즈 카페로.

　루틴을 만들 때는 내가 어느 시간에 어떤 일을 잘

해내는지 꾸준히 관찰하는 것도 필요하다. 나는 오전에 글 쓰는 일, 기획하는 일 등 깨끗한 뇌로 집중해야 할 일을 주로 한다. 1시 쯤 점심을 먹는다. 점심을 먹고 나면 집중력이 흐트러진다. 졸음이 올 때도 있다. 잠이 올 것 같으면 다시 삼십 분에서 한 시간 정도 집안일을 하거나 우체국에 다녀오는 잡무를 처리한다. 도저히 일이 되지 않을 때는 책을 읽거나 자료 조사를 한다. 오후 업무를 마무리하는 시간은 오후 7시 쯤. 천천히 저녁을 준비한다. 저녁을 먹고 나서 더 일할 때도 있고, 바로 퇴근하는 날도 있다. 저녁에는 주로 팟캐스트 편집, 세금계산서 발행, 엑셀 시트 정리 등 깊게 생각하지 않아도 되는 일을 한다.

무라카미 하루키 소설의 남자 주인공들은 대체로 정돈되고 규칙적인 삶을 산다. 정돈, 규칙과 어울리지 않는 성격인 나는 정신없는 하루를 보내다 지쳐 갈 때면 하루키 소설을 집어 들곤 했다. 매일 정해진 시간에 일어나 깔끔하게 다림질한 셔츠를 입고 정갈하고 건강한 아침 식사를 차려 먹는 주인공의 일상을 보며 내 일상도 저렇게만 흘러가면 좋겠다는 생각을 한다. 정해진 루틴대로 매일 똑같이 특별하지 않게 꾸준히 살아간다는 것. 어쩌면 그런 정돈된 삶이 억만장자가 되는 것보다 어려울지도 모르겠다.

열심히 내 루틴을 하루키 소설의 주인공처럼 정돈해 말했지만, 사실 저 루틴이 지켜지는 날은 일주일에 3일 정도다. 어느 때는 일주일에 2일도 지키지 못한다. 그래도 괜찮다. 나는 주 3일 정해진 대로 살고 있으니까. 이전에는 주 5일을 정해진 대로 살지 않으니 루틴을 만들지 않겠다고 생각한 적도 있다. 루틴도 완벽하지 않으면 하지 않겠다는 비뚤어진 완벽주의자의 비합리적 선택이라고 할까. 요즘은 루틴대로 잘 보낸 하루는 칭찬하고, 그러지 못한 하루는 왜 루틴이 깨졌나 문제를 발견하려고 노력한다. 한때 루틴이 제대로 굴러가지 않던 때가 있었다. 문제는 아침식사를 하며 드라마를 보는 것이었다. 한 편만 더, 한 편만 더 하다 보면 어느새 오전 시간이 훌쩍 지나갔다. 그래서 아침식사 때는 드라마 금지라는 규칙을 만들었다. 대신 한 편으로 끝나는 다큐멘터리를 본다. 아침식사 준비부터 식사 후 설거지까지 한 시간가량 걸리는데, 다큐멘터리 한 편이 대체로 50분에서 한 시간 분량이다. 때로는 영상 콘텐츠를 보지 않고 라디오나 음악을 듣는다. 시선을 끄는 콘텐츠를 보며 아침을 먹으면 지나치게 몰입해 영상이 끝날 때까지 벗어나지 못하는 문제가 있는데, 라디오나 음악은 단절되어도 괜찮은 연속성을 가진 콘텐츠이므로 내 루틴을 이어갈 수 있다.

제일 중요한 건, 지키지 못한 나를 용서하는 것이다. 정해진 루틴을 만들고 루틴대로 하지 못했을 때 '역시 난 계획적이지 못한 인간'이라며 자기비난을 하지 않고 '완벽한 사람은 없으니까'라는 자기 용서가 따라야 한다. 물론 너무 너그러우면 하루도 지키지 못하게 된다. 적당한 너그러움과 엄격함이 결국 루틴을 성공시킨다. 하루 종일 정해진 루틴대로 사는 날은 주 3일에 불과하지만, 2020년 하반기부터 나는 거의 모든 날 아침 8시 전 기상해 아침식사를 한다. 언젠가는 하루 종일 정해진 루틴대로 주 5일을 살아 낼 날도 올지 모른다.

달콤한 하루의 연속으로 삶이 텁텁했던 나는 루틴을 만들며 휴일이 다시 달콤해졌다. 오 달콤한 휴식의 맛은 이런 것이구만. 생각하지 않고도 움직이는 습관들은 끝까지 미루고 싶던 일을 어떻게든 해내게 하는 동력이 되었다. 무엇보다 위장병을 포함한 잔병이 줄었다. 정혈처럼 매달 찾아오던 위경련도 안녕. 편두통도 안녕. 프리랜서로 감가상각에 특히 주의해야 할 내 몸의 사용 기한을 조금 더 연장했다. (이렇게 쓰고 보니 비뚤어진 노동 윤리로 내 사용가치를 지나치게 자본주의와 산업

사회에 의탁하는 것 같지만, 프리랜서가 계속 노동소득
을 올리려면 내 몸이 제일 소중하다. 그건 자명하다.) 지
속 가능하게 일하려면 역시 특별한 스킬이나 기가 막힌
운보다, 꾸준히 지치지 않고 하루를 산뜻하게 살아 낼
수 있게 나를 지키는 일상의 루틴이 필요하다.

13

{ **퇴사할 수 없는 회사라면 복지라도 확실하게** }

가끔 농담으로 이런 말을 한다. "프리랜서는 영원히 퇴사하지 못하는 회사에 갇힌 것과 마찬가지야. 왜냐하면 내가 바로 회사거든." 프리랜서는 내가 회사 대표이자 팀장이며 대리이고 사원이다. 이다혜 '대표'가 열심히 일을 구해 온다. 이다혜 '팀장'이 대표가 구해 온 일을 추진하기 위해 시간별로 해야 할 업무를 나눈다. 이다혜 '대리'와 이다혜 '사원'은 실무를 해 나간다. 내 안에 여러 일하는 자아가 투닥투닥 각자의 역할을 하는 것이 곧 프리랜서가 일하는 과정이라고도 볼 수 있다.

이렇게 퇴사하지 못하는 회사라면 복지라도 확실하게 챙겨야 한다. 복지를 제대로 챙기지 않으면 영원히 퇴사하지 못하는 '직원 복지가 나쁜' 회사에 갇히는 셈이 되기 때문이다. 상상해 보자. 매일같이 철야를 하는 회사에 다니는데 퇴사를 못 해. 식비 아깝다고 매일 편의점 도시락을 점심으로 제공하는 회사에 다니는데 퇴사를 못 해. 연차도 생리휴가도 없는 회사에 다니는데 퇴사를 못 해. 상사가 매일 갈구고 사장은 노동 착취나 일삼는 회사에 다니는데 퇴사를 못 해. 이보다 더 불행한 상황이 있을까?

팟캐스트 『큰일은 여자가 해야지』에 창작자 프리랜서 서밤 님이 출연해 이런 말을 했다. "한번은 제대로 일을 해내지 못하는 내가 한심해서 실컷 나를 욕하고 있었어요. 그랬더니 지인이 묻더라고요. '네가 다니는 회사 대표가 너에게 일을 못한다고 욕하면 어떨 것 같아?' 바로 답했죠. '퇴사했겠지. 노동청에 신고하고.'" 내가 대표고 내가 직원이니 대표인 나와 직원인 나는 서로가 서로를 살뜰하게 잘 챙겨야 계속 일할 수 있다. 일하다 사소한 실수를 했다. '세상에 이런 실수를 하다니. 제정신이야? 진짜 무능력하다.' 실컷 나를 비난하곤 잔뜩 우울한 기분으로 남은 하루를 보내야 한다. 생각해 보자. 내가 사소한 실수를 했는데 상사가 '세상에 이런 실수를 하다니. 제정신이야? 너 정말 무능력하다'라고 말한다면 어떨까? 아마 이렇게 생각할 것이다. '아니 일하다 보면 실수할 수도 있지. 뭐 엄청 큰 실수도 아닌데 이거 가지고 무능력하다고 면박 주는 건 너무한 거 아냐? 내가 뭘 얼마나 잘못했다고!' 나를 분리하면 이렇게나 선명하다. 나를 욕하지 않을 이유가. 프리랜서가 나를 위해 할 수 있는 최고의 복지 하나, 나에게 너그러워지는 것. 그래야 계속 일할 수 있다. 실수 하나로 내 세상이 망하지 않는다.

　너무 일하기 싫은 날이 있다. 날씨도 우중충해서 없던 편두통이 오는 것만 같다. 결국 책상에 앉지 못하고 침대에 누워 쓸데없이 시간을 축냈다. 다시 비난이 시작된다. '왜 사나. 왜 사니. 왜 사는 거니? 이렇게 게을러서. 열심히 일해야지. 밥값 좀 해라.' 평일이고 주말이고 틈만 나면 일해야 한다는 강박을 달고 산다. 이다혜 대표는 그런 성격을 가졌다. 왜냐하면 일하는 만큼 돈이 벌리니까. 쉬지 않고 일해야 먹고 살 수 있으니까. 그래서 이다혜 대표는 누워 있는 이다혜 직원을 구박한다. '일어나서 일 좀 해라.' 그런데 내가 회사를 다닌다고 가정해 보자. 주말이고 평일이고 아침이고 밤이고 "지금 누워 있을 때야? 일 좀 해!"라고 하는 대표가 있다고 상상해 보자. 당장 퇴사하고 싶을 것이다. 기준 근로시간을 어겼다고 노동청에 신고까지 할지도 모른다. 그래서 셀프 연차와 반차 제도를 만들었다. 바쁘지 않을 때는 일주일에 하루 정도는 셀프 연차로 보내도 괜찮다. 정말 컨디션이 좋지 않은 날에는 일찍 퇴근할 수도 있고, 오전에 조금 더 쉬었다가 오후에 출근할 수도 있다. 정해진 일만 해낸다면 근태를 크게 중요하게 생각하지 않는 힙한 실리콘밸리 스타트업처럼 나라는 회사를 운영해 본다.

셀프 생리휴가, 셀프 근속휴가도 있다. 생리통이 너무 심하거나 호르몬의 수작으로 도저히 기력이 오르지 않을 때 '오늘은 셀프 생리휴가'라고 명명하고 마음 편히 쉬어 본다. 근속휴가는 매년 1월에 있다. 가장 일이 많은 4/4분기를 정신없이 달리고 나면 비수기인 1월에 1주일에서 2주일 정도 근속휴가를 준다. 이때는 마음껏 놀고 쉬고 책을 읽어도 죄책감을 가지지 않기로 한다.

프로젝트를 완수하고 작업료를 받으면(물론 작업료가 너무 작을 때는 넘어가지만) 맛있는 걸 꼭 사 먹는다. 이다혜 대표가 이다혜 직원에게 베푸는 회식이라고 생각하면 된다. 문화비 지원도 넉넉하게 한다. 적어도 책만큼은 마음껏 살 수 있도록 한 달에 넉넉한 도서 구매 비용을 잡아 놓고 확실하게 투자한다. 탕비실도 든든하게 채운다. 좋아하는 과일과 커피, 차와 과자를 채워 놓는다.

　퇴사할 수 없다면 복지라도 확실하게 하자고 결심한 뒤에 나는 자주 질문한다. '다혜야. 더 일할 수 있겠니?' '요즘 일하면서 힘든 건 뭐니?' '혹시 필요한 복지가 있다면 알려 줘.' 그렇게 질문하며 나는 업무량을 조절하고, 일하며 힘든 부분을 해결하기 위해 노력하고, 일하는 나를 위한 복지 제도를 고민한다. 일하다 보면 나라는 직원, 나라는 대표만큼 까탈스러운 사람이 또 없다. 그래도 맞춰야 한다. 맞출 수 있다. 나라는 직원, 나라는 대표를 가장 잘 아는 사람이 또한 나니까.

III

같이 살기: 회사는 없지만 동료는 있습니다

14

{ 회사는 없지만 동료는 있습니다 }

"팟캐스트 한번 해 볼까?" 박초롱 작가와 모듬 해물에 한라산 소주를 마시다가 툭 던진 한 마디가 '큰일은 여자가 해야지'라는 팟캐스트로 구현되기까지 오랜 시간이 필요하지 않았다. 초롱은 총알택시에 버금가는 추진력으로 녹음실을 예약했다. 아무것도 정해진 건 없었다.

"정해진 게 없는데 일단 녹음부터 하자고?"

걱정스러운 표정을 읽은 초롱은 "일단 녹음해 보자. 별로면 경험했다 치고 넘어가지 뭐"라며 나를 안심시켰다. 녹음 전날인가 당일 아침인가, 초롱의 집에서 30분 만에 제목을 정했다. '큰일은 여자가 해야지'. 주제는 일, 여성, 프리랜서. 우리가 고민하는 주제이자 우리를 상징

하는 키워드들이었다. 큰 포부도 계획도 없이 그저 고민하는 지점이 비슷하다는 이유로 두 여자가 시작한 팟캐스트는 2019년 8월 30일 첫 송출 이후로 지금까지 (글을 쓰는 시점에서) 87화의 방송을 내보냈다. 구독자는 팟빵과 네이버 오디오클립을 합쳐 약 7천 명, 회당 청취율은 2만에서 3만 회 많게는 4만 회를 선회한다. 2019년 8월 30일부터 2021년 2월까지 목요일이면 어김없이 방송을 내보냈다는 것이 새삼 대단하게 느껴진다. 신생 팟캐스트 중 1년 이상 방송을 내보내는 비율이 20퍼센트도 안 된다고 하니, 대단하다고 해도 괜찮을 것 같다. 새로운 편집 툴을 빨리 배우고 상대적으로 꼼꼼한 내가 편집을 담당하고, 추진력이 뛰어나고 커뮤니케이션에 능한 초롱이 게스트 섭외와 광고 영업과 기획안 작성을 담당한다. 따로 기획 회의는 없다. 우리가 가진 고민이 그대로 방송 주제가 된다. 자주 초롱이 있어 팟캐스트를 할 수 있다고 느낀다. 나는 새로운 무언가에 '금사빠'처럼 푹 빠졌다가 금세 질려 뒤돌아선다. 타고난 성정이 그렇다. 그런 내가 매주 방송을 편집한다는 건 기적에 가깝다. 비가 와도 눈이 와도 휴가를 가도 일이 많아도 화요일 혹은 수요일까지 편집을 한다. 초롱과 약속했으니까. 그뿐이랴, 초롱이 있어 '방송하는 이다혜'

136

캐릭터가 만들어진다. 한번은 혼자 인스타 라이브에 도전했다. 당혹스러웠다. 사람들에게 무슨 이야기를 해야 할지 모르는 채로 뚝딱거리며 시간만 축냈다. 팟캐스트에서 그렇게 자유롭게 이야기를 펼치던 이다혜는 박초롱이라는 든든한 파트너가 있었기에 나올 수 있는 모습이었다. 하나의 주제에 대해 서로 다른 시각을 자유롭게 펼쳐 내기 때문에 흥미로운 방송이 나온다. 때로 너무 튀어 나가면 서로가 서로의 정신을 챙겨 원래 하고 있던 이야기의 중심으로 데려온다.

"매주 금요일에 만나서 개인 작업을 하면 어때요?" 매거진 『나이이즘』 박은아 편집장과 2019년 초 매주 금요일 작업 모임을 시작했다. 개인 작업은 마감을 쪼는 사람이 없어 도저히 진도가 나가지 않는다는 말에 내가 먼저 제안했던가 박은아 편집장이 먼저 제안했던가. 아무튼 우리는 매주 금요일 오후에 만나 함께 일하기 시작했다. '그 작업 모임을 통해 개인 작업에 진도가 쭉쭉 나갔어요!'라는 엔딩이었다면 좋았겠지만, 사실 그러진 못했다. 그래도 좋았다. 그냥 책을 읽어도, 혼자 고민하고 있어도 누군가와 함께 같은 공간에서 일한다는 감각이 좋았다.

우리의 모임은 의외의 방향으로 흘러갔다. "○○기

관에서 매거진을 만든다고 하는데, 같이 해 보면 어때요?" 같이 일하던 중 새로운 프로젝트가 들어왔고, 마침 나와 같은 일을 하는, 아니 나보다 더 선배인 에디터 박은아 편집장이 있었다. 우리는 총 세 개의 프로젝트를 함께했다. 이전에도 프로젝트를 누군가와 같이한 경험은 있지만, 수익이 되지 않는 프로젝트이거나 내가 프로젝트를 수주해 다른 프리랜서에게 업무 일부를 주는 방식이었다. 수익이 되는 프로젝트의 시작부터 끝까지 누군가와 함께 일하는 건 처음이었다. 나는 그와 함께 일할 때 정말 든든했다. 고민을 나눌 동료이자 같은 분야에서 나보다 더 단단하게 오래 일해 온 선배와 함께한다는 건 얼마나 큰 축복인가! 세상에 프리랜서가 선배님과 일한다고요? 선배님과 일하며 선배에게 일을 배울 수 있다고요?

박은아 편집장과 나는 서로 강점이 달랐다. 오프라인 매체를 오래 작업해 온 그는 나보다 책자 편집에 능했다. 박은아 편집장보다 먼저 사업자를 내고 프로젝트를 운영해 온 나는 세금계산서를 발행한다든가 계약 서류를 준비하는 등 행정 절차에 대한 이해도가 높았다. 박은아 편집장은 꼼꼼했고, 나는 클라이언트와 협상력이 좋았다. 상호보완적으로 박은아 편집장과 함께 일한

2020년 하반기에 나는 프리랜서 경력에서 동기간 최대 매출을 찍었다.

『프리낫프리』를 혼자 만드느냐는 질문에는 애매하게 답한다. "네. 기본적으로 저 혼자 만들긴 하는데요, 혼자만 만드는 건 아니에요." 이게 무슨 슈뢰딩거의 고양이 같은 말인가 싶지만, 사실이다. 표지 디자인은 친한 대학 후배 민호 씨, 전문 교정교열은 편집자이자 친한 친구 혜강이 맡고 있다. 『프리낫프리』 2호를 만들때는 영상 프리랜서 용명 씨가 먼저 인터뷰 기사를 기고하고 싶다고 연락을 주었다. 인터뷰어가 한 명 더 생기자 서로 다른 결의 인터뷰 기사가 『프리낫프리』를 풍성하게 만들어 주었다. 같은 호에서 계약서를 주제로 한 스페셜 기사는 김유나, 정일호 변호사가 재능 기부 수준의 원고료를 받고 전문 지식을 나누어 주었다. 그 외에도 많은 사람들이 기꺼이 글과 그림을 투고하고 인터뷰에 응해 준다. 몇몇 작가들은 인터뷰와 원고 사례비를 고스란히 『프리낫프리』 제작을 위한 텀블벅 펀딩에 쓴다. 프리랜서의 서사를 담는 작업을 응원하고 지지하는 많은 사람들이 함께 지면을 채운다. 『프리낫프리』의 시작과 끝까지 자리를 지키는 것은 혼자이지만, 함께하는 사람들이 있어 『프리낫프리』가 세상에 나올 수 있다.

이전 회사 대표님이 했던 말이 떠오른다. "회사는 1+1=2가 아니라 1+1=3이야. 함께한다는 건 새로운 1이 추가로 더해지는 일이야." 그때는 이해 못했지만, 조직 밖에 나와서 그 말의 의미를 알았다. 함께한다는 건 없었던 1이 더해지는 일이다. 일을 해 나가는 동력, 큰 프로젝트를 무사히 수행할 수 있는 규모의 힘, 새로운 것을 창조하는 힘은 함께할 때 분출된다. 조직을 나와 프리랜서로 일하겠다고 다짐한 이상 모든 일은 혼자 해내야 한다고 굳게 믿었다. 외롭지만 굳건하게 일터를 일궈 나가는 것이 프리랜서의 숙명에 가까울지도 모른다고 어설프게 비장한 각오를 한 적도 있다. 아니었다. 나는 회사가 없다. 4대 보험도 없다. 일을 물어다 주는 영업팀도 없고 행정 일을 처리해 주는 경영지원 부서도 없다. 일하며 큰 고민을 마주했을 때 고민을 나눌 선배도 후배도 없다. 하지만 프리랜서 동료가 있다. 새로운 1을 창조하게 해 주는 든든한 동료.

15

{ **저 얼마를 받으면 될까요?**
프리랜서의 작업 단가 }

"제가 이번에 ○○ 일을 제안 받았는데요, 페이를 얼마
불러야 할까요?"

프리랜서로 일할 때 자주 듣고 자주 하는 질문이다.
프리랜서가 서로 이런 질문을 많이 하는 이유는 프리랜
서의 작업 단가에 명확한 가이드라인이 없기 때문이다.
회사에 다닌다면 회사마다 정해진 내규에 따라 연봉 테
이블이 있고, 거기에 개인의 능력에 따라 조금씩 더하고
빼는 방식으로 연봉을 협상한다. 말은 협상이지만 사실
상 통보에 가까운 연봉 계약에 개인이 고민할 여지는 크
지 않다. 프리랜서는 어떨까? 프리랜서가 받는 돈은 비
슷한 유형의 일이 시장에서 거래되는 값, 개인의 브랜드

파워, 결과물의 퀄리티에 대한 기대감, 회사 규모와 프로젝트 전체 예산의 규모 등 여러 변수를 바탕으로 프리랜서 개인과 회사 간 협상을 통해 결정된다.

특히 프로젝트 단위로 일하는 콘텐츠 프리랜서의 작업료는 노동하는 시간 기준이 아닌 작업을 통해 나오는 결과물을 기준으로 책정한다. 그렇다 보니 프리랜서로 일하는 분야마다 기준 단가를 선정하는 방식도 기준 단가의 범위도 다르다. 글은 200자 원고지 매당 얼마, 사진은 촬영하는 사진의 종류(스튜디오 제품 촬영, 인물 촬영, 행사 현장 스케치 촬영 등)와 원본 컷 수, 보정 컷 수, 출장 여부 등을 기반으로 값이 매겨진다. 일러스트레이터는 일러스트 건당 단가 기준이 있고, 건당 단가도 사이즈와 사용되는 매체 종류와 수에 따라 달라진다. 책 표지에 들어가는지 내지에 들어가는지, 내지에 들어간다면 반 페이지로 들어가는지 전체 페이지로 들어가는지 등등. 그러니까 프리랜서는 내가 들인 노동의 시간, 노력의 정도가 아닌 오로지 결과물로 가치를 평가받고 단가가 정해지는 것이다. '결과보다 과정'이라는 아름다운 캠페인 슬로건 같은 가치가 적용되지 않는 분야. 프리랜서의 노동 생태계는 신자유주의와 자본주의 가치에 압도된다.

일하는 분야마다 단가 책정 기준이 다르며, 그 외에도 개인의 브랜드와 회사의 규모, 프로젝트 전체 예산 등 다양한 요소로 인해 작업료가 유동적으로 변하기 때문에 프리랜서의 단가를 정하는 과정은 늘 모호하다. 모호하기는 클라이언트도 마찬가지라 종종 일을 의뢰하며 프리랜서에게 얼마를 받는지 역으로 질문한다. 질문을 받은 프리랜서는 이제 깊은 고민에 빠진다. '그러니까 내가 이 작업을 하려면 100만 원은 받아야 하는데, 저쪽에서 한 50만 원을 생각하면 어쩌지? 그래서 내가 제시한 금액이 비싸다는 이유로 계약을 고사하면……? 반대로 내가 100만 원을 제시했는데, 200만 원을 생각하고 있었다면 나는 100만 원을 손해 보는 것 아냐?' 경매를 하듯 눈치싸움이 시작된다. 얼마를 불러야 예비 클라이언트가 도망치지 않을 만큼 적당한 작업료이며 동시에 클라이언트가 생각하는 예산에 가까워질 것인가. 고민하고 또 고민한다. 그래서 자꾸 주변에 묻게 된다. 얼마를 받아야 하냐고.

　어떤 클라이언트는 나름의 작업료 지급 기준을 정하겠다며 아주 잘못된 접근을 한다. 재능 마켓으로 시작한 프리랜서 일거리 거래 플랫폼에서 유사한 종류의 일을 검색해 그곳의 단가를 기준으로 프리랜서에게 작업료를 제안한다. 프리랜서 일거리 거래 플랫폼은 그 시작이 재능 마켓이라는 한계가 있다. 대학생 아르바이트생부터 진입기의 경력 없는 프리랜서, 숙련된 프리랜서까지 천차만별의 배경과 경력을 지닌 사람들이 그 배경과 경력과는 무관하게 노동의 값을 기준으로 경쟁한다. 재능 기부 마켓을 기준으로 단가를 정하면 이런 일이 벌어진다. 로고 하나에 5만 원이죠? 상세 페이지인데 2만원에 가능하세요? 블로그 글 하나에 5천 원 드릴게요. 영상 편집 1분짜리고요, 3만 원에 가능하세요?

    이런 경우도 있다. 너무도 당연하게 금액을 밝히지 않고 일을 의뢰한다. 원고 청탁 메일에 원고료가 없고, 강연 요청 메일에 강연료가 없으며, 그림 의뢰 메일에 그림 값이 없다. 대체로 외주 용역보다 프리랜서 명예직에 가까운 일, 이를테면 모 매체에서 원고를 청탁한다든가, 어떤 기관에서 강연을 요청한다든가 하는 '섭외'되는 일일수록 돈 얘기가 수줍다. '네가 이렇게 명예롭게 우리 매체에 글을 쓰게 될 터이니 돈은 생각하지말고 우리 매체로 인해 너의 이름을 알리는 것에 의의를 두거라' 혹은 '우리처럼 명망 있는 단체에서 강연을 하게 될 터이니 너에게 참으로 좋은 포트폴리오가 아니겠느냐'라는 의미다. 그래서 프리랜서는 또 고민한다. 분명 내 커리어에 도움이 되는 일은 맞지만 그래도 내 노동이 들어가는데, 얼마를 주는지 알아야 수락을 하든 말든 할 거 아냐! 그런데 얼마를 주느냐 묻는 순간 돈만 밝히는 사람이 되면 어쩌지? 슈뢰딩거의 고양이도 아니고, 이 섭외 메일에는 돈 얘기가 들어 있을 수도 있고 없을 수도 있다. 열어 봐야 안다. 그 일이 커리어에 큰 도움이 되는 일이든 아니든 프리랜서는 원고를 쓰고 그림을 그리고 강연을 하기 위해 노동을 투입한다. 노동력을 거래할 때 가장 기본은 '돈'에 대한 이야기를 분명히 하는 것이다. 자본주의 사회에서 당당하게 노동과 재화를 교환하고자 하는 것인데, 어째서 프리랜서의 노동은 종종 자본주의 사회에 편입하지 못하는 것인지 의문스럽다. 사실 금액이 크지 않아도 명예직이라면 프리랜서는 한다. 밝히기만 해도 좋을 텐데. 일단 얼마를 받는지 정도는 알고 있으면 좋을 텐데. 아쉽다.

혼란스러운 프리랜서 페이의 세계에서 프리랜서가 할 수 있는 건, 나만의 작업 단가 기준표를 만드는 것이다. 내가 하는 일의 종류를 나열하고 각각의 일마다 최저 단가를 정한다. 나는 주로 글 쓰는 일과 기획 일을 한다. 글 쓰는 일도 세분화하면 글만 쓰는 일, 에디터로 섭외부터 글쓰기에 지면 비주얼 기획까지 포괄하는 일로 구분된다. 글의 종류도 다르다. 칼럼, 에세이, 인터뷰 기사, 취재 기사, 정보성 글 등등. 기획 일은 주로 행사 홍보 기획, 책자 기획 및 제작 일로 나뉜다. 그 외에도 종종 컨설팅이나 교육, 강의를 한다. 하는 일마다 나름대로 최저 단가를 정했다. 최저 단가는 시장에서 통용되는 비용과 내 노동력의 값을 적절히 조합했다. 칼럼과 에세이는 200자 원고지 매당 ○만 원, 인터뷰 및 취재 기사는 분량에 상관없이 ○○만 원에서 시작한다. 에디터 일은 페이지당 ○만 원, 혹은 기사 종류에 따라 정보성 기사는 ○○만 원, 마찬가지로 인터뷰 및 취재 기사는 ○○만 원이 최저 단가다. 인터뷰를 지방으로 갈 땐 교통 실비를 별도로 청구하거나 포함일 경우 ○○만 원을 거마비로 더한다. 자문료와 강연료는 시간당 ○만 원 이상. 이렇게 단 건의 산출물 기준으로 단가를 정할 때도 있지만, 기획 일은 조금 더 시간 기준으로 인건비를 책정한다. 보통 기획 일을 할 때는 PM 역할로 들어갈 때가 많기 때문에 '맨먼스'(M/M, Man-Month)로 비용을 책정한다. 1맨먼스는 한 사람이 효율 100퍼센트로 한 달(22일)간 할 수 있는 작업량이다. 가령 이 일이 하루 8시간 노동 기준 11일을 일해야 하는 일이라면, 22일의 50퍼센트이므로 0.5맨먼스로 값을 매긴다. 예를 들어

1맨먼스가 300만 원이면 0.5맨먼스는 150만 원으로 산출된다. 기획 일을 맨먼스로 책정하는 이유는, 기획은 명확한 산출물이 없이 상시적 커뮤니케이션과 관리 업무가 주를 이루기 때문이다. 이렇게 여러 일에 최저 단가를 정한다고 해서 늘 내가 정한 단가대로 받을 수 있는 건 아니지만, 적어도 의뢰가 들어올 때 최소한의 견적 기준을 마련할 수 있다. 예산이 넉넉한 프로젝트이거나 회사 규모가 크면 최저 단가보다 비용을 올린다.

프리랜서로 일하며 작업료를 협상하고 일을 받을 때 또 하나의 기준이 있다. 단가도 중요하지만, 이 프로젝트로 벌 수 있는 돈의 총합이 얼마인가도 중요하다. 예를 들어, 단가 10만 원짜리 일이 딱 하나만 들어오면 일을 고사하는 편이다. 단가 10만 원짜리 일 10개가 한번에 들어와 총 작업료가 100만 원이 되면 그때는 일을 진행한다. 단가는 같지만, 이 일을 통해 벌 수 있는 돈의 총량이 다르다. 돈의 총량이 중요한 이유는 어떤 일을 할 때 기본적으로 그 일을 하기 위해 클라이언트와 커뮤니케이션 하는 비용이 들어가기 때문이다.

콘텐츠 마케팅 일을 할 때였다. 규모가 크지 않았던 모 회사에서 SNS 콘텐츠 마케팅을 하고 싶은데, 총 예산이 50만 원뿐이라며 일을 의뢰했다. 예산은 적었지만 그만큼 콘텐츠 수량을 줄이면 되겠다는 생각으로 프리랜서 계약을 했다. 월 50만 원 기준으로 업무량을 조절하면 되겠지. 내 착각이었다. 커뮤니케이션 비용을 계산하지 않은 것이다. 콘텐츠 수량은 줄였지만, 콘텐츠를 제작하기 위해 클라이언트와 매달 대면 회의를 해야 했으며, 상시적으로 커뮤니케이션을 해야 했다. 커뮤니케이션은 그 일이 200만 원 규모이든 50만 원 규모이든 큰 차이가 없다. 그때부터 단가 기준과 함께 총 작업료를 고려하기 시작했다. 모든 일에는 커뮤니케이션 비용이 들어가고, 이는 시장에서 비용으로 잘 쳐 주지 않는 돈이기 때문에 프리랜서 입장에서는 일의 사이즈를 키워 규모의 경제를 만들어 커뮤니케이션 비용을 뽑아 내야 한다. 물론 창작자로 섭외되는 강연과 원고 청탁 등은 논외로 한다. 클라이언트의 간섭이 거의 없는, 창작자의 자율성이 큰 일이기 때문에 커뮤니케이션 비용이 상대적으로 낮아 단 건으로 일을 받아도 크게 손해 보지 않는다.

개인이 원칙을 세운다고 해도 한계는 여전하다. 프리랜서의 작업 단가를 책정하는 데 여러 요인이 있다고 했지만, 여러 요인 중 가장 강력하게 작용하는 것은 시장에 형성된 가격이다. 문제는 시장에 형성된 가격이

좀처럼 오르지 않는다는 것이다. 2000년대 초반부터 20년 가까이 프리랜서 일러스트레이터로 활동한 이다 작가는 팟캐스트 『큰일은 여자가 해야지』에 출연해 일러스트레이터의 작업 단가가 20년간 거의 오르지 않았으며, 어떤 분야는 오히려 경쟁이 심화되며 단가가 낮아졌다고 말했다. 글 단가는 어떤가. 내가 회사에 다닐 때 프리랜서 에디터에게 주었던 글 값이 10년이 지난 지금까지 그대로 유지되고 있다. 출판 쪽도 마찬가지다. 17년째 출판 편집자로 일하는 프리랜서 편집자 준가 씨는 『대체로 가난해서』라는 저서에서 17년 전 교정교열비가 지금까지 유지되고 있다며 '우리의 노동은 종이 값보다 싸다'고 자조한다. 프리랜서의 작업 단가는 경쟁이 심화될수록 낮아지며, 그대로 유지되면 다행인 수준이다.

　　그나마 낮아지는 것을 방지하고자 최소한의 단가 기준을 정해 공유하는 업계도 있다. 프리랜서 일러스트레이터의 기준 단가표가 가장 대표적이다. 일러스트레이터 그룹이자 플랫폼 '산그림'에는 일러스트레이션 표준 단가표가 있었다. 단가표는 꽤 섬세하게 정리되어 있다. 기업 광고, 잡지, 학습지, 단행본 등 매체에 따른 일러스트 단가를 정해 두었다. 여기에 표지, 펼침면, 단면,

소컷 등 들어가는 위치와 크기에 따라서도 단가를 달리 정했다. 패키지는 기업 규모로도 나눈다. 의뢰 기업이 자영업자냐, 소규모 기업이냐 대기업이냐에 따라 단가가 다르다.

산그림에 올라온 작업 단가표를 누군가 불공정거래로 신고를 했다. 공정거래법상 작업물을 상품이라고 간주했을 때, 해당 상품의 최소금액을 정해 두는 것은 담합이라는 이유로 불공정거래임이 인정됐다. 결국 단가표를 내렸다. 팟캐스트 『큰일은 여자가 해야지』에 김민아 노무사가 출연했을 때 이 사례가 불공정거래 판정이 난 것이 합당한지 물었다. 김민아 노무사는 프리랜서는 아직까지 노동자 지위보다 사업자의 지위를 가지기 때문에 가격을 공시하는 것은 담합에 해당하는 게 맞다며 안타까움을 감추지 못했다.

한국문화예술위원회에서는 2019년 문학 분야 공모사업에 최저 원고료 제도를 도입했다. 시 편당 67,586원, 단편소설 원고지 1매에 8,679원, 장편소설 원고지 1매에 11,800원, 에세이 원고지 1매에 6,433원 등 한국문화예술위원회에서 2018년에 진행한 '문예지 지원사업 평가와 미래 전략 연구'에서 산출된 문예지 원고료 평균으로 최저 단가를 책정했다. 한국문화예술위원회의 시도 자체는 응원할 만하나 최저 원고료를 책정하는 방식에서 아쉬운 목소리를 감출 수 없다. 『뉴스페이퍼』 보도에 따르면, 산문 원고지 1매에 5,000~10,000원, 운문 1편 50,000~100,000원 수준의 원고료가 2000년 중반 이후 약 15년가량 유지되고 있다. 한국문화예술위원회에서 책정한 최저 원고료는 2000년대 초반 수준의 원고료에 그친다. 현재 문예지 원고료가 시장에 맞게 형성되어 있는 것인지 검증하는 과정 없이 그저 평균값을 구하는 단순한 방식으로 최저 원고료를 책정했기 때문이다.●

몇몇 업계는 한계가 있음에도 불구하고 최소한의 단가 가이드라인을 내놓고 있지만, 그마저도 없는 업계가 태반이다. 나는 주로 홍보 콘텐츠 분야에서 일한다. 홍보 콘텐츠 쪽은 순수 창작보다 시장에 형성된 단가가 높은 편이지만, 이 정도는 주고받아야 한다는 관행적 약속만 있을 뿐 정해진 가이드라인이나 최저 단가표는 없다. 이런 상황이니 홍보 글쓰기 분야도 단가 경쟁과 재능 마켓 플랫폼의 등장으로 관행적 단가보다도 더 낮은 단가로 일을 거래하는 사례가 늘고 있다.

합리적 수준의 가격으로 노동력이 거래되는 생태

● 「문학 작가 원고료 10년째 제자리걸음… 최저 원고료 도입의 목소리도 나와」, 『뉴스페이퍼』, 2018.9.13.
「한국문화예술위원회, 문학 분야 공모사업에 최저 원고료 제도 도입… 공정 보상 체제 마련」, 『뉴스페이퍼』, 2019.5.17.

계를 만들기 위해 내가 할 수 있는 일은 무엇일까 고민한다. 몇 년 전부터 나는 관행보다도 낮은 단가의 일은 하지 않는다. 그리고 일을 거절한 이유, 즉 단가가 너무 낮아 일하기 어렵다는 말을 꼭 거절 메일에 적는다. 한번은 제주에서 활동하는 포토그래퍼 인터뷰 시리즈를 함께해 보자는 제안이 왔다. 인터뷰는 일을 의뢰한 회사 모바일 앱에 연재되는데, 제안가는 30만 원이었다. 인터뷰는 건당 50만 원은 받아야 한다고 말하니 그 회사는 내게 "에디터 경험이 거의 없는 다른 프리랜서가 있는데, 그 프리랜서는 30만 원에 일을 할 수 있다고 말했다"며 나에게 30만 원에 해 줄 수 없겠느냐고 다시 협상을 시도했다. 나는 명확히 말했다. "콘텐츠 에디터로 일한 지 5년이 넘었습니다. 제가 가진 능력과 결과물의 값은 최소 50만 원입니다." 협상은 결렬되었지만, 나에게 일을 의뢰한 사람이 '프리랜서도 경력에 따라 단가가 높아질 수 있다는 점'을 인지하기를 바랐다. 또 한번은 모 기관에서 스타트업 인터뷰 기사 건당 10만 원, 대학생 기자단의 기사 윤문 건당 3만 원으로 일을 의뢰했다. 업계 평균에 훨씬 미치지 못하는 지나치게 낮은 단가이며, 전체 예산을 확대하기 어려운 상황이라면 기사 건 수를 줄여 인터뷰 기사 건당 50만 원, 대학생 기자단의 기사 윤문 건당 10만 원으로 조율해 주면 일을 하겠다고 회신했다. 이번에도 단가 협상은 결렬되었지만, 기관 실무자가 얼마나 터무니없는 가격을 제안하고 있는지 깨닫기를 바라는 마음이었다.

실패만 있었던 건 아니다. '이 일의 취지와 방향에 깊게 공감하며 꼭 함께 일하고 싶지만, 투입해야 하는 노동량을 고려했을 때 단가가 낮은 것 같아 고민이 된다'고 회신을 하자 담당자가 단가를 20퍼센트 올린 사례도 있다. 서울시 모 기관의 입주 기업 활동을 아카이브 하는 인터뷰 시리즈 제작 총괄 PM으로 의뢰가 들어왔을 때는 견적서를 작성할 때 에디터 비용을 업계 관행보다 50퍼센트 정도 더 높게 제안했다. 놀랍게도 기관 담당자는 내가 제안한 견적을 받아들였다. 사실 나도 그렇고 함께 일한 프리랜서 에디터 지인도 몇 년간 이렇게 에디팅 비용을 높게 받은 건 처음이었다. 이렇게 우리가 단가를 높인 사례는 비슷한 프로젝트를 추진하려는 실무 담당자들에게 새로운 기준이 될 수도 있다.

단가를 높이려는 어떤 시도는 실패했고 어떤 시도는 성공했다. 실패와 성공을 가르는 이유는 무엇이었을까? 단가 올리기에 실패했던 일은 내 브랜드와 상관없는 일이었다. 나 역시 그들에게는 수많은 프리랜서 중

한 사람이었기 때문에 비용 협상보다 본래의 낮은 가격에도 일해 줄 다른 프리랜서를 찾는 게 더 쉬운 방향이었다. 단가를 높여 준 경우는 매거진 『프리낫프리』라는 브랜드를 보고 일을 주었거나, 그 연장선으로 나에게 일을 맡겼을 때 확실히 본인이 원하는 방향과 퀄리티의 결과물을 만들어 줄 것이라는 신뢰가 있을 때였다.

진입기의 프리랜서에게는 지금 당장 일 하나하나가 절실하다. 그렇다 보니 가격 협상은 후순위로 밀려날 수밖에 없다. 일단은 적은 돈이라도 벌어야 먹고 살 수 있으니까. 그건 생존하려는 인간의 본능에 가깝다. 나 역시 프리랜서로 처음 일을 시작했을 때는 단가가 낮든 높든 일이 들어오면 클라이언트가 제시한 금액에 기꺼이 일을 했다. 그러나 매년 내가 먹고 살 수 있을 거라는 감각, 다시 말해 생존할 수 있다는 자신감이 있다면 낮은 단가는 낮다고 말할 줄 아는 프리랜서가 되면 좋겠다. 프리랜서의 건강한 노동 생태계를 만드는 일은 이런 사람들의 시도가 모여 가능해지기 때문이다. 김이나 작사가는 '문명특급'에 출연해 작사료를 받기 시작했다고 말했다. 후배 작사가에게 김이나 작사가도 작사료를 받지 않는다는 이유로 작사료를 지급하지 않은 사례를 듣고서 이 생태계를 바꾸기 위해 작사료를 받아야겠다고 결정했다는 것이다. 저작권료로도 충분히 먹고 살 수 있는 유명 작사가가 작사료를 요청하기 시작하면, 분명 프리랜서 작사가라면 당연히 작사료를 받아야 하는 생태계로 변화할 수 있을 것이다.

나는 김이나 작사가처럼 내가 일하는 분야에서 엄청나게 성공한 프리랜서는 물론 아니다. 그래도 가끔 내 작업을 좋아하고 나와 꼭 일하고 싶다는 클라이언트가 일을 의뢰할 때면 기본적으로 단가를 올리는 시도를 하는 것이 앞으로 이 분야에서 일할 프리랜서들에게 좋은 생태계를 만들어 주는 시작점이 되리라 믿는다.

16

{ 프리랜서가 가질 수 없는 네 가지 }

한번은 노동 권익을 주제로 한 시리즈 강연에 프리랜서
의 노동 권익에 대한 강의를 해 달라는 요청이 들어왔
다. 거창하게 노동권을 외치는 것이 아니라 프리랜서 당
사자로 경험과 느낀 점을 공유하는 방향의 강연이었다.
발표 자료를 만들며 문득 프리랜서가 가질 수 없는 것을
떠올렸다. 정확히 말하자면, 직장을 다닐 때는 당연했다
가 당연하지 않게 된 것들이었다.

첫 번째, 4대 보험.

몇 년 전 프리랜서 지인과 '4대 보험 비가입자연합'
이라는 페이스북 페이지를 개설한 적이 있다. 그날도 카
페에서 우리는 '4대 보험이 없어~~' 한탄의 곡소리를

울리고 있었던 것 같다. 프리랜서는 건강보험과 국민연금은 지역가입자로 가입할 수 있고, 고용보험과 산재보험은 가입할 수 없다. 고용보험과 산재보험은 월 60시간 이상 근로를 제공하는 고용된 근로자를 대상으로 하는 보험 제도이다. 고용되지 않았으니 당연히 프리랜서는 고용보험과 산재보험 가입이 불가능하다. 회사를 다니면 사용자, 즉 회사에서 4대 보험 보험료의 50퍼센트를 부담하고 고용인, 즉 내 월급에서 50퍼센트의 보험료를 부담한다. 프리랜서는? 건강보험과 국민연금 전액 셀프 부담이다. 프리랜서가 돈을 더 많이 받아야 한다고 주장하는 이유다. 그리고 4대 보험에 가입할 수 없기 때문에 다음의 항목도 받지 못한다.

바로 실업급여.

프리랜서는 실업급여를 받을 수 없다. 실업급여는 고용보험 가입 대상자에게 제공되는 보험금 수급제도다. 애초에 고용보험은 타의적으로 실직 상태에 놓인 노동자를 위해 만들어진 보험 제도인데, 프리랜서는 고용되지 않았으니 실직도 없다. 대신 계약 종료가 있지. 애초에 그러한 리스크를 모두 고려한 상태에서 노동하는 것 아니냐고 말할 수도 있다. 그 말도 맞다. 그렇다고 해서 프리랜서에게 실직과 유사한 상태가 없느냐? 그건 아니다. 코로나19로 인해 일거리를 잃은 대다수의 프리랜서가 실직 상태가 아니라고 말할 수 있을까? 코로나19라는 국가적 재난은 많은 프리랜서의 일거리를 앗아갔다. 평생교육원 강사를 대표적인 예로 들 수 있다. 강의료로 생계를 꾸리는 평생교육원 프리랜서 강사는 코로나19로 교육원이 아예 문을 닫자 하루아침에 실직자가 됐다. 분명히 실직이 맞다. 프리랜서 계약으로 일하지만, 일터가 타의에 의해 사라졌으니. 하지만 그는 프리랜서이기 때문에 실업급여를 받을 수 없다. 일방적 계약 해지 사례도 있다. 한번은 10개월 이상 꾸준히 협업했던 회사에서 일방적으로 계약 해지 통보를 받았다. 그회사로부터 한 달에 받는 돈이 월급에 버금갈 정도로 상당했고, 해야 하는 일의 양도 많아서 그 회사의 일에 주력하던 때였다. 일방적 계약 해지 후 다른 대안이 없는상태에서 한순간에 수익이 0에 가까워졌지만 역시나프리랜서 계약이었기 때문에, 고용보험에 가입되어 있지 않아 실업급여를 신청할 수 없었다.

세 번째, 신용카드와 신용대출.

처음 프리랜서가 되었던 2014년에는 프리랜서라는 이유로 신용카드도 만들 수 없었다. 때로 이런 상황을 역으로 이용하기도 했다. 신용카드 영업 전화에

"저…… 프리랜서입니다"라고 수줍게 고백하면 어차피 가입이 안 되니 영업 담당자는 빠르게 통화를 마무리했다. 프리랜서가 제1금융권에서 신용대출을 받기란 매우 어렵다. 신용대출은 담보대출과 다르게 이 사람이 돈을 갚을 능력이 되는가를 기준으로 대출해 주는 금융상품이다. 그럼 그 능력은 어떻게 증명할 수 있을까? 예측 가능한 수익 규모다. 직장인 신용대출은 급여명세서를 바탕으로 연 수익이 얼마나 되는지 파악하고 연 수익에 따라 대출 가능 금액과 금리를 정한다. 프리랜서도 연 수익을 증빙할 방법이 있다. 소득금액증명원이다. 문제는 소득금액증명원은 프리랜서의 실제 수익에서 필요 경비를 제외한 금액만 정리된다는 것이다. 예를 들어, 프리랜서 A가 1천만 원의 수익을 올렸는데 필요 경비가 600만 원이면 소득금액증명원상 프리랜서 A의 실질 소득은 400만 원이 된다. 신용대출에서는 이렇게 실질 소득을 기준으로 평가하므로 프리랜서는 실소득보다 더 낮은 신용도로 평가될 수밖에 없다. 건강보험료 납부 내역으로 소득 증빙을 할 수 있지만, 이 또한 해촉증명서를 제출할 경우 해촉증명서 발급분만큼의 소득금액을 빼고 나머지 수익 기준으로 건강보험료를 산정하기 때문에 실소득보다 증명서상 소득이 낮게 보일 수 있다.

직장인이 아닌 프리랜서는 이렇게 소득 증빙이 어렵거나 실제보다 낮게 증빙되어 신용대출이든 전세자금 대출이든 직장인에 비해 대출 가능한 금액은 적고 금리는 높다.

네 번째, 노동법의 보호.

「근로기준법」상 근로자는 "직업의 종류와 관계없이 임금을 목적으로 사업이나 사업장에 근로를 제공하는 자"를 말한다. 근로자와 사용자(회사)는 근로계약을 맺고 근로자는 사업이나 사업장에 근로를 제공하여 그 대가로 임금을 받으며 동시에 노동법의 보호를 받게 된다. 최저임금, 퇴직금, 연차휴가, 시간 외 수당 등 익히 들어 본 사회보장제도는 노동법을 기반으로 하고 있다. 프리랜서는 최저임금이 없고 퇴직금이 없으며 연차휴가도 시간 외 수당도 없다. 현재 시행되는 법에 따르면 프리랜서는 근로자보다 사업주에 가깝다고 판단하기 때문이다. 프리랜서는 보통 민법상 사업주와 도급계약/위탁계약/외주용역계약을 바탕으로 서비스를 제공하는 서비스 제공자에 가깝다. 그렇기 때문에 노동법의 보호 대상이 될 수 없다.

내가 프리랜서가 노동법의 보호 대상이 아님을 여실히 깨닫게 된 계기는 임금 체불 사건이다. 노동법의 보호를 받는 근로자는 임금 체불이 발생했을 때 고용노동부에 민원을 넣을 수 있다. 임금을 지급받을 수 있게 해 달라고 요구(진정)하거나 사용자를 「근로기준법」 위반으로 고소할 수도 있다. 이렇게 근로자의 진정이나 고소를 통해 사용자는 징역이나 벌금형에 처해진다. 하지만 프리랜서는? 죄송합니다만 그런 게 없습니다. 고용노동부 이름에서부터 알 수 있듯이 고용노동부는 아직까지는 '고용'된 노동자를 대변하는 기관에 가깝기 때문이다. 여러모로 프리랜서는 노동법상 보호 대상이 아니기 때문에 노동자로서 불이익을 받더라도 보호를 받기 어렵다. 최저임금도, 기준근로시간 제도도, 출산과 육아휴직 제도도 없다.

프리랜서는 노동자가 아니니까 당연한 것 아니냐는 질문을 할 수도 있다. 노동자가 맞을 때도 있고, 맞지 않을 때도 있다. 프리랜서라고 통칭하는 노동자 계층 중에는 분명히 노동자인 사람도 있고 분명히 사업자인 사람도 있다. 더 구체적으로 들어가면 한 사람이 여러 일을 한다고 할 때, 일의 종류에 따라 노동자에 가까울 때도 있고 사업자에 가까울 때도 있다. 프리랜서 작가가 사업자를 내고 독립출판물을 제작하고 판매한다면 사업자에 가깝다. 그러나 프리랜서 작가가 외주사와 계약을 맺고 일할 땐 노동자에 가깝다. 계약의 내용은 분명 '글'이라는 상품을 판매하는 것에 가깝지만, 외주사가 이미 있는 글을 구매하는 것이 아니라 외주사가 프리랜서 작가에게 기획의도에 맞는 소재와 방향성을 제시하면 프리랜서 작가는 외주사의 요청에 맞는 새로운 글을 창작하는 노동을 하기 때문이다.

출판노조 간담회에 참석했을 때 가장 충격적이었던 정보는 출판사 중 70퍼센트가 5인 미만 사업장이라는 것이었다. 5인 미만 사업장이 이렇게 많은 이유는 뭘까? "출판 산업이 영세해서 그럴까요? 그렇지 않아요. 출판계는 수많은 외주 노동자(프리랜서)의 노동력을 바탕으로 굴러가고 있어요. 5인 미만 사업자가 이토록 많은 이유는 출판계에 외주 시스템이 갖춰져 있기 때문이에요." 출판노조 간담회 참석자의 말에 고개를 끄덕였다. 생각해 보면 콘텐츠 산업 전반이 이렇다. 소수의 정직원과 다수의 외주 창작 노동자들이 협업하는 구조다. 회사는 사업에 필요한 노동을 외주화하고 있다. 외주 노동자의 시대에 프리랜서가 노동자가 아니라고 말할 수 있을까?

그래도 희망은 있다. 프리랜서가 노동자로 인정받지 못했던 과거와 다르게 조금씩 프리랜서라는 새로운 노동 계층이 있음을 인지하고 이에 맞는 사회보장 제도를 만들기 위한 움직임이 시작되고 있기 때문이다. 2020년 말 '예술인고용보험제도'가 시행됐다. 2019년에는 1인 사업자, 프리랜서, 특수고용노동자 등 고용보험에 가입하지 않은 여성에게도 출산급여를 지급하기 시작했다. 서울시는 최초로 「서울특별시 프리랜서 권익 보호 및 지원에 관한 조례」를 시행했으며 이에 발맞춰 경기, 전남, 충남, 제주 등 여러 지자체에서 프리랜서 권익 보호 및 지원에 관한 조례안을 발의하거나 입법을 예고하고 있다. 2020년 코로나19 고용안정지원금 지급 대상에 프리랜서가 포함됐다. 제도적으로 고용 안정을 이룰 대상에 프리랜서가 호명된 것은 이례적이다. 이제 프리랜서가 노동자에 가깝다는 사회적 합의가 어느 정도 만들어지고 있는 모양새다.

　　여러 희망적인 움직임에도 불구하고 아직까지 이러한 지원 제도들이 실제 프리랜서의 노동 실태를 반영하지 못해 실효성이 떨어진다는 비판의 목소리도 있다. 예술인고용보험의 경우 고용보험에 가입하기 위해 월 평균 50만 원 이상 수익을 올려야 하는데, 이때 인정하는 수익금은 표준계약서를 작성한 일로 얻은 수익이어야 한다. 계약서가 아예 없거나 업체마다 내규에 따른 계약서로 계약하는 경우가 대부분이라는 점을 고려하면 실제로 예술인고용보험 가입 요건을 충족할 수 있는 프리랜서 예술인이 얼마나 될지 모르겠다. 노동하는 시점과 작업료를 받는 시점에 차이가 큰 프리랜서 노동 시장의 특수성을 반영하지 않아 사각지대가 생기는 경우도 있다. 작품을 올리거나 발표한 뒤에 작업료를 지급받는 프리랜서가 많기 때문에 작업료는 아직 받지 못한 채로 실제로는 노동하고 있는 예술인은 역시나 예술인고용보험 가입이 어렵다. 코로나19 고용안정지원금도 프리랜서들이 일정 기간 소득감소분을 증빙해야 지원금을 받을 수 있었는데, 작업료가 뒤늦게 지급된 경우 고용안정지원금에 제출하는 서류상에는 소득 감소가 증빙되지 않아 지원금을 받지 못하는 경우도 있었다. 첫 고용안정지원금은 2019년 12월과 2020년 1월 소득 대비 2020년 3월과 4월의 소득이 일정 비율 감소한 경우에만 지급되었는데, 2019년에 일했던 비용이 2020년 3월에 정산된 프리랜서는 소득 감소분을 증명하지 못해 고용안정지원금을 받지 못했다. 2020년 코로나19로 일이 없어 2020년 3월에 정산받은 돈이 그에게는 마지막 소득이었을지도 모를 일이다. 실제 노동한 시점에서 작업료를 받는 시점까지 짧게는 한 달, 길게는 1년에서 2년까지 걸리는 프리랜서에게는 지금 당장 통장에 꽂힌 돈이 현재 노동의 안정성을 증명해 주지 못한다.

이런 상상을 해 본다. 고용노동부처럼 프리랜서의 노동과 권익을 보호하는 국가기관이 만들어진다면? 2017년 미국 뉴욕주에서는 「프리랜서 권익 보호 조례안」Freelance isn't free law이 시행됐다. 이 조례안에는 서면계약서 의무 작성, 30일 이내 급여 지급 의무 등 프리랜서 권익을 보호하고 불공정 거래를 예방하는 내용이 포함된다. 조례안에서 가장 눈에 띈 것은 법률 서비스 지원이다. 뉴욕시 소비자 보호국 내 근로정책기준실 OLPS(Office of Labor Policy & Standards)에서는 부당한 대우를 받는 프리랜서들이 소송을 준비할 수 있도록 신청 양식, 소송 절차 및 관련 노동법 안내 등 법률 정보 제공 내비게이션 프로그램을 운영한다. 프리랜서 노동자는 고용주의 임금 체불 등 계약 위반 행위를 신고할 수 있으며 OLPS는 신고가 접수된 해당 고용주에게 관련 내용을 통지하고, 통지를 받은 고용주는 20일 내에 OLPS에 답변서를 제출해야 한다. 2018년 뉴욕시 소비자보호국에서는 이 조례안 시행 후 1년간 프리랜서 노동자들이 체불 임금 250만 4,866달러를 수령했다고 발표

했다.•

　이런 상상을 해 본다. 고용노동부가 아니라 노동부라면 어떨까? 그러니까 고용된 상태의 노동자만 노동자로 보는 시각 말고, 어떤 형태로든 노동하는 사람들을 노동자로 바라본다면? 일단 모두 노동자로 보고 그 안에서 노동자가 아닌 사람을 추려 내는 방식으로 접근한다면, 어쩌면 사각지대가 조금은 줄어들 수 있지 않을까? 캘리포니아주 노동법에는 노동자성 인정 기준으로 ABC 기준이 명시된 Section 2750.3(a)가 신설됐다. ABC 기준의 세 가지 요소 모두 입증하지 않는 한 노동자를 독립노동자가 아닌 임금노동자로 추정한다는 법이다.

　(A) 노동자는 업무 수행과 관련하여, 계약상으로나 실제로 기업의 통제와 지시를 받지 않는다.
　(B) 노동자는 기업의 통상적인 사업 범위 외의 업무를 수행한다.
　(C) 노동자는 관례적으로 기업과 독립적으로 설립된 직종, 직업 또는 사업에 종사한다.••

• 「뉴욕시 '프리랜서 보호 조례' 효과 크다」, 『뉴욕 중앙일보』, 2018.5.17.
•• '플랫폼 노동자에 대한 법적 보호: 미국 캘리포니아주 AB 5 법' Miriam A. Cherry(미국 세인트루이스대학교 법학대학원 교수), 「국제노동브리프」 2020년 5월호, 한국노동연구원

캘리포니아주의 ABC 기준은 독립노동자임을 입증할 책임을 기업이 부담하도록 했기 때문에 다른 기준에 비해 노동자성 인정 범위가 크게 확대되었다. 물론 캘리포니아주 ABC 법은 플랫폼 노동자에 대한 법적 보호에 중점을 두었지만, 독립노동자 입증 책임이 개인이 아닌 기업으로 전환했다는 점, 형태로는 독립노동자성을 가지더라도 노동자로 포섭될 가능성이 있다는 점을 고려했을 때 시사하는 바가 크다. 노동법의 적용 기준이 임금노동자여야 한다는 것을 고려했을 때 말이다.

　　이런 상상을 해 본다. 국가 차원에서 사업자등록증과 같이 프리랜서 등록증 제도를 시행하면 어떨까? 프리랜서로 등록된 사람은 국가 차원의 고용보험과 산재보험에 가입할 수 있고, 여기에 신용보험 제도를 더하는 것이다. 소득 신고와 그 기준으로 신용보험을 납입하면, 신용대출이나 전세자금대출 등 개인 신용도 입증이 필요할 때 국가 차원에서 프리랜서 개인의 신용을 보증해 주는 것이다. 서울시 코로나19 긴급재난지원금을 받기 위해 프리랜서가 준비할 서류는 10가지가 넘었다. 반면에 영세사업자는 사업자등록번호를 입력하면 끝이었다. 프리랜서가 프리랜서임을, 프리랜서로 일하기 어려운 상태임을 수많은 서류로 입증해야 하는 번거로움이 절실한 이에게 또 다른 좌절이 될 수 있음을 보았다.

책 『말랑말랑한 노동을 위하여』에서 황세원 일in 연구소 대표는 노동의 최저선이 필요하다고 말한다. "또한, 이는 전통적인 형태의 '고용관계'에 있는 노동자만이 아니라 자영업자, 프리랜서를 포함해서 모든 형태의 일하는 사람에게 적용하는 최저선이어야 한다. 이를 위해서는 노동계부터가 먼저 '노동자'라는 말을 버릴 각오를 해야 할 수도 있다. 사실 노동자냐, 근로자냐 따지는 게 무슨 의미가 있을까? 둘 다 딱딱한 한자어일 뿐이다. 임금노동자를 '노동계급'으로 호명한 것이 앞선 시대의 혁신이었다면, 어떤 형태로든 일을 해서 소득을 버는 모든 사람을 똑같이 바라보는 것이 이 시대에 필요한 혁신이다." 어쩌면 노동자냐 아니냐, 노동법에 포함하느냐 마느냐 구분 짓는 틀에서 완전히 벗어나 일하는 사람이라면 응당 누려야 할 노동권을 보장해 주는 사회로의 도약도 꿈꿔 볼 수 있을 것이다.

말도 안 되는 상상이라고 말할 수도 있다. 그러나 현실을 바꾸는 힘은 상상에서 시작된다. '여성도 투표를 할 수 있지 않을까'라는 상상이 여성 참정권을 이끌어내고 여성을 2등 시민에서 1등 시민으로 끌어올렸듯. 프리랜서가 가질 수 없는 네 가지도 자유롭게 상상하고 현실적으로 따져 보며 실천적으로 행동한다면, 언젠가 가질 수 있는 것이 될 수 있지 않을까?

프리랜서에겐 느슨한 연결이 필요해

인정하고 싶지 않았다. 외로움과 의존성. 프리랜서로 일하면서는 더욱 인정하기 어려웠다. 나는 조직 밖에서 혼자 일하는 사람이다. 독립적이어야 한다. 내 능력으로 살아남아야 한다. 살아남지 못한다는 건 능력이 부족해서다. 치열하게 하루를 보냈다. 나는 독립적이고 능력 있는 프리랜서여야 하니까. 혼자서만 오롯이 서기 어렵다는 사실을 인정하기까지 3년이 걸렸다. 나는 일하며 자주 외로웠다. 매일 혼자 밥을 먹는 것도 외롭고, 혼자 모든 걸 결정해야 하는 것도 외로웠다. 종합소득세 신고, 계약서 검토, 돈 관리까지 힘에 부친 일들을 인터넷 검색에 의존하며 하나씩 해결해야 하는 것도 외로웠다.

외주비를 떼이고 부당한 갑질에 홀로 소리쳐야 했을 때는 외로움이 더 커졌다. 나는 인정했다. 외롭다. 몹시 외롭다. 누군가에게 기대고 싶다.

매거진 『프리낫프리』는 그렇게 만들게 됐다. 『프리낫프리』를 만드는 과정은 나처럼 외로운 프리랜서를 찾아 떠나는 여정에 가까웠다. '나만 이렇게 힘든거니…?'라는 질문에서 발화된 프리랜서의 이야기는 『프리낫프리』 창간호와 2호, 팟캐스트 『큰일은 여자가 해야지』를 거쳐, 이 책 『프리랜서로 일하는 법』까지 다다랐다.

"정말 프리랜서에게는 빛과 소금이에요. 이런 매거진을 만들어 주셔서 감사해요." 북페어에 찾아온 독자의 말에 이렇게 분에 넘치는 칭찬을 받아도 되는지 부끄러웠다. 매거진 『프리낫프리』를 발행할 때만 해도 프리랜서가 일하며 마주하는 문제와 고민, 경험을 함께 나눌 자리가 많지 않았다. 그래서 매거진을 읽은 독자, 프리랜서 모임에 참여한 프리랜서들은 곧잘 "이런 기회가 정말 없었는데, 비슷한 고민을 하는 사람들이 함께 고민을 나눌 수 있어서 정말 좋았어요"라는 후기를 전해 주었다. 사실 내가 가진 마음이 그랬다. 『프리낫프리』를 만들며 당신들을 만날 수 있어 정말 좋아요. 우리가 비숫한 고민을 하고 있다는 걸 알게 되어 좋아요. 각자의 자리에서 생동하는 존재를 발견해서 좋아요.

프리랜서의 삶을 훑으며 외로움의 근원을 알게 됐다. '프리랜서가 직접 설계하는 프리랜서 지원 정책'을 주제로 공론장을 준비할 때 읽은 보고서「제19회 노동권익 포럼 자료집: 문화·예술·콘텐츠 분야 프리랜서」는 프리랜서가 마주하는 문제 상황을 야기하는 원인 중 하나로 '실력주의 및 개인주의 이데올로기의 내면화'를 꼽았다. 단가가 낮은 이유, 계약이 종료되는 이유, 불안정하게 일해야만 하는 이유를 개인의 부족함으로 치부하며 '능력'을 키워 문제를 해결해야겠다거나 '혼자 일하는 프리랜서니까 어쩔 수 없네'라며 체념하게 된다. 불안정한 노동환경에서 일할 것이 자명하다는 것을 알면서도 프리랜서로 일을 시작하였으니 너의 '선택'에 책임져야 한다는 메시지에 노출되면 능력주의와 개인주의에 빠지는 것도 무리는 아니다. 하지만 프리랜서 개인이 어찌할 수 없는 것이 많다. 낮은 단가, 불공정한 계약방식, 과노동과 번아웃 등등 프리랜서가 마주하는 문제는 개인이 무능해서가 아니라 노동 시장이 그러해서 발생할 때가 더 많았다.

서로의 존재를 발견하고 이야기를 공유하는 것에

서 그치지 않아야 했다. 우리가 일하며 마주하는 문제는 개인의 문제가 아니라 우리 존재의 문제라는 것을 직시해야 했다. 어려움을 토로하는 연결에서 어려움이 발생하는 근원적 문제는 무엇이며, 그 문제를 해결하기 위해 무엇을 해야 하는가 논할 수 있는 연결로. 그러면 조금씩 조직 밖에서 일해도 덜 외롭게 더 안전하게 일할 수 있는 프리랜서가 늘어날지도 모르니까.

느슨한 연대. 실선이 아닌 점선으로 느슨하게 연결되어 서로가 필요할 때 찾아볼 수 있는 그런 느슨하게 연대하는 커뮤니티를 꿈꾼다. 그 안에서 '우리'로서, 일하며 마주한 고민을 나누고, 서로의 노하우를 공유하고, 프리랜서의 고질적 문제를 공론화하고, 우리에게 필요한 정책은 무엇인지 소리 내고 싶다. 조직이 없으니까, 어차피 혼자니까 체념하듯 넘어가는 문제들을 다시 바라보고 해결책을 함께 고민할 수 있는 느슨한 울타리. 곧 프리랜서가 될 이도 프리랜서로 계속 일하고 싶은 이도 혼자여서 외롭거나 힘들지 않도록 따로 또 같이 가자.

프리랜서로 일하는 법
: 나를 지키며 지속 가능하게 일하는 태도의 발견

2021년 10월 14일   초판 1쇄 발행
2023년 5월 14일   초판 2쇄 발행

지은이
이다혜

펴낸이	**펴낸곳**	**등록**
조성웅	도서출판 유유	제406-2010-000032호(2010년 4월 2일)

주소
경기도 파주시 돌곶이길 180-38, 2층 (우편번호 10881)

전화	**팩스**	**홈페이지**	**전자우편**
031-946-6869	0303-3444-4645	uupress.co.kr	uupress@gmail.com
	페이스북	**트위터**	**인스타그램**
	facebook.com	twitter.com	instagram.com
	/uupress	/uu_press	/uupress

편집	**디자인**	**마케팅**
김은우, 김정희	이기준	전민영

제작	**인쇄**	**제책**	**물류**
제이오	(주)민언프린텍	(주)정문바인텍	책과일터

ISBN 979-11-6770-006-3 04080
        979-11-85152-36-3 (세트)